Las

Libre Expression
Une société de Québecor Média

Gauche **Bellagio** Centre **Forum Shops at Caesars** Droite **Venetian**

Libre Expression

Une société de Québecor Média

DIRECTION
Nathalie Pujo

DIRECTION ÉDITORIALE
Cécile Petiau

RESPONSABLE DE COLLECTION
Catherine Laussucq

ÉDITION
Émilie Lézénès et Adam Stambul
avec la collaboration de Marjorie Demaria

TRADUIT ET ADAPTÉ DE L'ANGLAIS PAR
Anne-Marie Térel
avec la collaboration de Dominique Brotot

MISE EN PAGES (PAO)
Maogani

Ce guide Top 10 a été établi par
Connie Emerson

www.dk.com

Publié pour la première fois
en Grande-Bretagne en 2002 sous le titre:
Top 10 Las Vegas
© Dorling Kindersley Limited, Londres 2013
© Hachette Livre (Hachette Tourisme)
pour la traduction et l'édition française 2012

© Éditions Libre Expression, 2014
pour l'édition française au Canada

Les Éditions Libre Expression
Groupe Librex inc.
Une société de Québecor Média
La Tourelle
1055, boul. René-Lévesque Est, Bureau 300
Montréal (Québec) H2L 4S5
www.edlibreexpression.com

DÉPÔT LÉGAL: Bibliothèque et Archives
nationales du Québec et Bibliothèque et
Archives Canada, 2014

ISBN 978-2-7648-1043-9

Sommaire

Las Vegas Top 10

Las Vegas thème par thème

Aussi soigneusement qu'il ait été établi,
ce guide n'est pas à l'abri
des changements de dernière heure.
Faites-nous part de vos remarques,
informez-nous de vos découvertes
personnelles: nous accordons la
plus grande attention au courrier
de nos lecteurs.

2

Abréviations: EP *Entrée payante* **EG** *Entrée gratuite*
C *Climatisation* **PC** *Pas de climatisation* **vis. guid.** *visite guidée*

Gauche **Casino Golden Nugget** Centre gauche *Jubilee* Centre droite **Chapelle nuptiale** Droite **Legacy Golf**

Gauche **Fremont Street Experience** Droite **Grand Canyon**

Abréviations : **j.f.** *jour férié* **t.l.j.** *tous les jours*
AH *Accès handicapés* **PAH** *Pas d'accès handicapés*

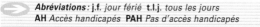

LAS VEGAS
TOP 10

LAS VEGAS TOP 10

TOP 10 À ne pas manquer

Lumières éclatantes, hôtels surdimensionnés, stars du spectacle, boutiques et restaurants parmi les meilleurs du monde : Las Vegas mérite son appellation de «capitale mondiale du divertissement». Mais la ville est également entourée des trésors naturels que sont les lacs et les canyons du désert.

Le Strip
Bordée de néons et de complexes hôteliers aux thèmes imaginatifs, l'artère du jeu est constamment en éveil *(p. 8-9)*.

Hoover Dam
Prouesse technique, ce barrage a permis de maîtriser l'impétueux fleuve Colorado, tout en créant l'immense Lake Mead qui, à quelques minutes de la ville, se prête à de nombreuses activités nautiques *(p. 10-11)*.

Centre-ville de Las Vegas
Jadis le cœur de la ville peu après sa fondation, le centre-ville a connu une renaissance à la fin des années 1990.

Bellagio
Cet hôtel, l'un des plus luxueux de Las Vegas, bénéficie d'une situation idéale *(p. 14-15)*.

Pages précédentes **Vegas Vic, Glitter Gulch**

Venetian
Entre les monuments de Venise ou en gondole sur le canal, on croise musiciens et patriciens de la Renaissance italienne (p. 20-21).

Grand Canyon
Qu'on s'y rende depuis Las Vegas en avion, en car ou en voiture, cette excursion incontournable est une expérience inoubliable (p. 16-19).

Wynn Las Vegas
Un imposant complexe hôtelier situé dans un décor magnifique (p. 22-23).

Red Rock Canyon
Situé à proximité de la ville, ce site vous permet de prendre une pause de tape-à-l'œil (p. 24-25).

Forum Shops at Caesars
Le cadre, dédié à la gloire de la Rome antique, abrite boutiques et restaurants chic (p. 26-27).

CityCenter
Financée par des fonds privés, cette «ville dans la ville» est l'une des stations de vacances les plus onéreuses des États-Unis (p. 28-29).

TOP 10 Le Strip

Avec ses fabuleuses attractions pour adultes et enfants, Las Vegas est la ville des superlatifs. Le Strip est la meilleure illustration de son faste et de son éclat. Entièrement consacré au divertissement, ce tronçon de 6 km de Las Vegas Boulevard est bordé des plus grands hôtels et casinos du monde. Le Strip, lieu par excellence du renouveau et du loisir, trouve constamment de nouvelles façons de surprendre et d'impressionner.

Le Strip de jour

○ **Profitez des vacances pour déguster des beignets au petit déjeuner. Les délicieux « Krispy Kreme » sont en vente à l'Excalibur, à l'entrée du TI et dans d'autres casinos du Strip.**

○ **Pour jouir pleinement de l'excitation de la ville, prenez une chambre plein sud avec vue sur le Strip. Les meilleurs hôtels sont le Venetian, le TI et le Trump International Hotel. Demandez une chambre donnant sur le sud.**

• Plan M3-R2
• renseignements : Las Vegas Convention and Visitors Authority
• 3150 Paradise Road
• 702 892 0711 ou 877 847 4858
• www.visitlasvegas.com

À ne pas manquer

1. Le Strip de nuit
2. Le Strip de jour
3. Premiers casinos-hôtels
4. Casinos à thème
5. Les six plus grands hôtels
6. Fashion Show
7. Forum Shops at Caesars
8. Hole-in-the-Wall Businesses
9. Marché hawaïen
10. Imitateurs

1 Le Strip de nuit

C'est à la nuit tombée qu'il faut voir le Strip : ses kilomètres de néons, ses millions d'ampoules scintillantes, ses immenses panneaux en fibre optique, sans oublier ses milliers de visiteurs, contribuent à une ambiance proche de l'euphorie.

2 Le Strip de jour

Dès le matin, voitures et piétons se pressent dans les rues, alors que les lumières du Strip sont encore éteintes. Le Strip a reçu les désignations All-American Road et Scenic Byway à titre de destination touristique.

3 Premiers casinos-hôtels

Il reste en ville quelques casinos-hôtels des années 1950 à 1970, tels le Riviera et le Bally's. Leur architecture imposante évoque l'après-guerre. Les chambres se louent à des prix relativement bas et plusieurs ont été rénovées.

Autres renseignements sur le Strip p. 70-77

Casinos à thème

Les casinos New York-New York *(p. 32)*, Treasure Island, aussi appelé TI *(p. 33)*, Monte Carlo et Luxor *(p. 72)* ont tous été construits au début des années 1990. New York-New York dégage l'énergie du Times Square et le TI *(à droite)* présente des spectacles de Sirens' Cove. L'ancienne Égypte est le thème du Luxor.

Fashion Show

Ce centre commercial haut de gamme *(p. 52)* incarne la devise de Las Vegas : « *Bigger is better* » (« Plus grand, c'est mieux ») avec ses 250 boutiques et restaurants de luxe. Il fait partie des 3 centres commerciaux américains accueillant 7 grands magasins.

Forum Shops at Caesars

Incontournable à Las Vegas, la galerie commerciale du Caesar Palace *(p. 26-27 et ci-dessus)* regroupe distractions, restaurants et boutiques dans un décor inspiré de la Rome antique.

Hole-in-the-Wall Businesses

Blottis entre les gratte-ciel, de simples rez-de-chaussée abritent, entre autres, snack-bars et agences de voyages. Il y en a beaucoup dans la portion nord du Strip.

Marché hawaïen

Situé au milieu du Strip, entre le Flamingo et le Tropicana, ce marché thématique kitsch comprend boutiques, restaurants et aires de jeux.

Imitateurs

Les imitateurs d'Elvis Presley, de Marilyn Monroe et autres vedettes sont monnaie courante sur le Strip. Ils se produisent dans des spectacles rétro et célèbrent parfois des mariages. Toutefois, on peut également croiser des stars en chair et en os dans la ville !

La Mafia

Comme l'évoque le film *Casino* (Martin Scorsese, 1995), le crime organisé s'installe à Las Vegas pour plusieurs décennies dès les années 1940. Les gangsters sont attirés par l'argent des machines à sous. Bugsy Siegel fait office de pionnier en créant en 1946 l'hôtel Flamingo *(p. 30)*, et Moe Dalitz, patron du crime dans le Midwest, ouvre le Desert Inn en 1950. Découvrez l'histoire des activités criminelles de la mafia au Mob Museum *(p. 81)*.

Les 6 plus grands hôtels

Les hôtels Bellagio *(p. 14-15)*, The Venetian *(p. 20-21)*, Wynn Las Vegas *(p. 22-23)*, CityCenter *(p.28-29)*, Mandalay Bay *(p. 32)* et Paris Las Vegas *(p. 33)* existent depuis 1998. Une fois installé, on y exauce vos moindres désirs. Profitez-en !

Autres renseignements sur le jeu p. 122-126

TOP10 Hoover Dam

Avant la construction de ce barrage, au début du siècle dernier, des milliers d'hectares de terres arables en Californie du Sud et au Mexique étaient régulièrement inondés par les eaux violentes du Colorado. Une série d'études sur la maîtrise de ce fleuve dévastateur a abouti en 1928 au Boulder Canyon Project Act, puis à la construction du barrage. Merveille technologique, ce colosse de béton approvisionne la ville en eau potable, produit de l'électricité et empêche les inondations. Il attire près d'un million de visiteurs par an.

Sur le barrage

🍴 Lors de votre passage à Boulder City, faites provision de boissons et de sandwichs au Capriotti's Sandwich Shop (1010 Nevada Highway) pour pique-niquer sur une plage du Lake Mead.

💡 Optez pour une croisière n'incluant pas les repas : cette formule économique laisse plus de temps pour visiter la région.

Pour aller à Valley of Fire et au Lost City Museum *(p. 98)*, empruntez les Highways 166 et 167, qui longent la rive ouest du Lake Mead

• Plan T2 • 50 km au SE de Las Vegas
• Hoover Dam Visitors Center, Hwy. 93, Hoover Dam, Boulder City, NV
• 702 494 2517
• ouv. t.l.j. 9h-18h
• réservations vis. guid. 866 730 9097
• www.usbr.gov/lc/hooverdam

À ne pas manquer

1. Pont commémoratif Pat Tillman–Mike O'Callaghan (Hoover Dam Bridge)
2. Hoover Dam Visitors Center
3. Visites du barrage et de la centrale électrique
4. Lake Mead
5. Rafting sur Black Canyon River
6. Croisières sur le Lake Mead
7. Plongée sous-marine
8. Boulder City/Hoover Dam Museum
9. Maisons des ouvriers
10. Commercial District, Boulder City

Pont commémoratif Pat Tillman–Mike O'Callaghan (Hoover Dam Bridge)

Profitez d'une vue imprenable du barrage à partir du Hoover Dam Bridge. La construction de ce barrage stupéfiant haut de 221 m ayant nécessité 2,6 millions de m³ de béton.

Hoover Dam Visitors Center

Au bureau d'accueil, des présentations audiovisuelles ainsi que des expositions multimédia expliquent les méthodes et les dangers liés à la construction de la 8e merveille du monde moderne. Depuis le toit, la vue panoramique embrasse le barrage, le Lake Mead, le Hoover Dam Bridge et Black Canyon.

Visites du barrage et de la centrale électrique
Les visiteurs peuvent explorer la centrale et les tunnels du barrage.

Transformateurs à l'extérieur de la centrale

Autres renseignements sur le Hoover Dam et le Lake Mead **p. 92-95**

Lake Mead

Le lac du barrage est le plus vaste plan d'eau artificiel des États-Unis. Ses 885 km de rives sont bordés de forêts, canyons et prairies fleuries, et ses eaux regorgent de poissons. La meilleure plage pour la baignade est Boulder Beach.

Croisières sur le Lake Mead

Vues du pont d'un bateau, les rives du lac sont très vivantes et colorées *(à gauche)*: plages de sable, rochers multicolores et faune variée composée d'ânes, de gros lièvres, de lézards et de quelques moutons Bighorn.

Plongée sous-marine

Un spectacle insolite attend les visiteurs : les poissons nagent autour d'une usine de béton engloutie où des tonnes de gravier destiné à la construction du barrage ont été nettoyées et triées.

Maisons des ouvriers, Boulder City

La plupart des bâtiments qui ont abrité jusqu'à 8 000 ouvriers du barrage ont disparu, mais les maisons 1 à 12 ont conservé leur aspect d'origine.

Commercial District, Boulder City

Ces galeries typiques du Sud-Ouest américain des années 1930 sont les précurseurs des centres commerciaux modernes. Elles contrastent avec le Boulder Dam Hotel, de style Dutch colonial.

Peuplades ancestrales

Les archéologues ne s'acordent pas sur la date d'arrivée de l'homme sur les rives du Colorado. L'aval du barrage était sans doute habité il y a 3 000 à 4 000 ans, voire 8 000 ans. Les Patayans figurent parmi les premiers Amérindiens sur le territoire des 3 États (Nevada, Arizona, Californie). Implantés vers l'an 900, ils vivaient sous des abris de broussailles et se nourrissaient de graines. Les membres des tribus Hualapai et Mojave sont leurs descendants.

Rafting sur Black Canyon River

Le Colorado coule paisiblement au pied du barrage, et le rafting y est agréable et sûr. Willow Beach, à 19 km, s'atteint en 3 h environ. En chemin, on remarque des pétroglyphes et des anneaux d'amarrage qui, avant la construction du barrage, servaient à treuiller les bateaux à vapeur au-dessus des Ringbolt Rapids.

Boulder City/Hoover Dam Museum

Abrité dans l'historique Boulder Dam Hotel *(p. 93 et ci-dessus)*, ce musée est consacré au barrage et à ses bâtisseurs. Un film passionnant retrace cette aventure. Souvenirs, photos et affiches illustrent la vie dans les années 1930.

➤ *Autres activités de plein air* **p. 60-61**

Las Vegas Top 10

🔟 Centre-ville de Las Vegas

Dans les années 1980 et au début des années 1990, le Strip gagne en prestige au détriment du centre-ville et de Glitter Gulch, tronçon de Fremont Street dédié au divertissement, qui ne cessent de décliner. Les édiles et les propriétaires des casinos conviennent de mesures destinées à inverser ce phénomène. Leurs efforts ont relancé le quartier : les nombreux restaurants et bars à cocktails qui ont ouvert récemment proposent aux visiteurs un large éventail de distractions.

Fremont Street

🍴 Vous ferez un repas inoubliable au Florida Café Restaurante Cubano (1401 Las Vegas Boulevard S).

🌙 La plupart de la vie nocturne du centre-ville a lieu près de Fremont Street Experience.

Arrivez à l'avance pour le son et lumière de Fremont Street Experience. Découvrez ensuite les boutiques et les casinos, ou admirez les artistes en attendant le spectacle suivant.

• Plan J-L4, L3 • Golden Gate, 1 Fremont St., 702 385 1906
• Golden Nugget Hotel, 129 Fremont St., 702 385 7111
• Binion's, 128 Fremont St., 702 382 1600
• Vegas Club, 18 Fremont St., 702 385 1664

À ne pas manquer

1. Enseignes au néon
2. Fremont Street Experience
3. Enseignes à l'ancienne
4. Premier casino de Las Vegas
5. Zone piétonne de Fremont Street
6. Golden Nugget
7. Binion's
8. Emergency Arts
9. Flightlinez at Fremont Street Experience
10. Divertissements

Enseignes au néon
Le cœur du centre-ville regorge de classiques enseignes lumineuses au néon. C'est l'un des endroits les plus éclairés de la planète : on peut même lire le journal en pleine rue à minuit.
Les grands créateurs de néons et les éclairagistes du pays y présentaient déjà leurs productions avant l'invention de Fremont Street Experience.

Fremont Street Experience
Allant de la Main St. à la Fourth St., le principal attrait de Fremont Street Experience est le Viva Vision, situé près du Plaza Hotel-Casino. Le système d'affichage graphique de 12,5 millions de lumières DEL, qui orchestrent toutes les heures d'incroyables spectacles audiovisuels, est le plus grand en son genre au monde.

Fremont Street Experience

Enseignes à l'ancienne
Las Vegas Vic, le cow-boy lumineux *(p. 80),* salue les passants sur Fremont Street depuis 1951. À l'angle de Fremont Street et de Las Vegas Boulevard se trouve le Neon Museum *(p. 45).*

Autres renseignements sur le centre-ville p. 78-83

4 Premier casino de Las Vegas

C'est à l'hôtel Sal Sagev, actuel Golden Gate sur Fremont Street, que tout a commencé. Son nom prend son sens lorsqu'il est lu dans un miroir. Le nouvel établissement est plus réputé pour ses cocktails de crevettes que pour ses salles de jeu.

8 Emergency Arts

Situé dans un ancien grand magasin, ce collectif abrite des ateliers pour artistes, des galeries et un café indépendant. Il y a également un studio de yoga, un salon de coiffure, une bibliothèque et un club d'ukulélé.

9 Flightlinez sur Fremont Street Experience

Pour profiter d'une belle vue, survolez la promenade de 750 pi (228 m) de la rue Fremont, suspendu à une tyrolienne, à 67 pi (20 m) de hauteur. Vous pouvez y atteindre des vitesses de 35 mi/h (56 km/h).

6 Golden Nugget

Avec ses 4 étoiles et son remarquable casino (p. 37), l'hôtel offre le meilleur rapport qualité/prix de la ville (les prix chutent à 60 $ en basse saison). Dans le quartier, le California Café est un restaurant très bon marché, fréquenté par une clientèle hétéroclite.

7 Binion's

Le contrebandier et parieur Benny Binion a fondé cette maison en 1951. Elle a appartenu jusqu'en 2004 à ses descendants. Les plus grands joueurs de poker s'y retrouvent encore, bien que le Championnat mondial se tienne maintenant au Rio (p. 36). Un coup d'œil à l'hôtel-casino en vaut la peine.

10 Divertissements

Outre les grands spectacles et les numéros de salon proposés dans la plupart des hôtels (p. 40-43), les divertissements sont concentrés sur Fremont Street, très en vogue pour les revues et les concerts (p. 82).

Les débuts du centre-ville

Durant ses 20 premières années, le centre-ville de Las Vegas n'offrait que peu de bars et maisons closes dans le quartier rouge. Tout a changé avec la légalisation du jeu et l'arrivée de 5 000 ouvriers pour la construction du Hoover Dam en 1931. Des casinos ouvrent alors à Fremont Street. Dans les années 1940, la population fait un bond avec les familles des vétérans de la Seconde Guerre mondiale, et les casinos s'élèvent rapidement.

5 Zone piétonne de Fremont Street

Les piétons jouissent d'un accès direct à 10 casinos et à plus de 60 restaurants de la promenade. Imprégnez-vous de l'ambiance des casinos qui règne dans les rues du quartier.

Bellagio

Des compositions florales des halls à l'aménagement des salles de bains, le Bellagio, construit en 1998, est synonyme de perfection. Son créateur, Steve Wynn, souhaitait à l'origine ériger un hôtel « qui incarnerait la qualité absolue tout en soulignant le charme et l'élégance – le charme au sens littéraire, un lieu de beauté idéale et de confort ; l'univers que chacun attend, tel qu'il serait si tout allait bien ». Le fondateur de ce superbe monument aux loisirs semble avoir atteint son objectif.

Façade du Bellagio

🍽 **Pour déjeuner dans un cadre paisible, réservez une table à la terrasse d'Olives, au bord du lac Bellagio.**

🌀 **Faites-vous plaisir et payez-vous un après-midi au Spa de l'hôtel. On y trouve des soins réservés aux jeunes mariés, et même des formules pour hommes.**

Pour admirer le spectacle de jets d'eau du Bellagio, traversez la rue et montez à l'étage panoramique de la tour Eiffel au Paris Las Vegas.

• *Plan Q1-2*
• *3600 Las Vegas Blvd. S*
• *réservations*
888 987 6667
• *www.bellagio.com*
• *$$$$$.*

À ne pas manquer

1. Influence italienne
2. Plafond du hall
3. Via Bellagio
4. Jardin d'hiver et jardin botanique
5. Casino
6. Gallery of Fine Arts
7. Théâtre
8. Restaurants
9. Cour
10. Salles de réunion et de travail

Influence italienne
Précédé d'un lac immaculé de 3,4 ha et d'une avenue bordée d'arbres, cet hôtel extraordinaire s'inspire d'un village idyllique des rives du lac de Côme, en Italie. La tour originale aux 3 000 chambres et les 2 chapelles nuptiales baignent dans une opulence à l'italienne. Cette reconstitution a coûté 1,9 milliard de dollars.

Plafond du hall
Sur 186 m², le plafond est orné d'étincelantes fleurs en verre. Ces *Fiore di Como*, toutes différentes, ont été conçues par Dale Chihuly, premier artiste américain nommé « trésor national », célèbre pour ses créations cristallines inspirées par la nature.

Autres hôtels à thème **p. 32-33**
Catégories de prix **p. 89**

Via Bellagio

La galerie marchande du Bellagio *(p. 52)* regroupe principalement des boutiques de luxe. Parmi ses enseignes, on trouve notamment des succursales de marques comme Prada, Tiffany & Co., Chanel, Giorgio Armani, Dior, Fendi, Gucci ou encore Yves Saint-Laurent.

Casino

De tous les casinos de Las Vegas, celui du Bellagio est le moins ostentatoire et le plus sophistiqué. Ses moindres détails ont fait l'objet d'une attention particulière : les machines à sous sont ornées de tissus créés spécialement pour remplacer les inévitables néons, et les tapis ont été faits sur commande.

Gallery of Fine Arts

La galerie de tableaux abrite de prestigieuses expositions temporaires organisées avec de grands musées du monde entier et consacrées à des artistes internationaux de génie, d'hier et d'aujourd'hui.

Théâtre

Conçu pour *O*, la spectaculaire production du Cirque du Soleil *(p. 38)*, le théâtre marie un cadre romantique (inspiré de l'Opéra de Paris) à la technologie de pointe. Le clou de la réalisation est la piscine de 6,8 millions de litres d'eau, modulable en fonction des numéros.

Restaurants

Le Cirque, Noodles, Jasmine ou Yellowtail sont d'excellents restaurants. Lauréat des cinq diamants de l'AAA, le Picasso *(p. 46)* est décoré de tableaux originaux du peintre.

Jardin d'hiver et jardin botanique

Les fidèles clients passionnés de jardinage et de plantes apprécient les expositions florales renouvelées à chaque saison et lors du Nouvel An chinois. Tout changement nécessite l'intervention de 120 spécialistes.

Cour

Avec ses colonnes et ses statues à l'italienne, ses 5 piscines à ciel ouvert et ses 4 Spa *(p. 65)*, l'élégante cour du Bellagio est très agréable pour flâner le matin et le soir. Dans la journée, elle accueille cabines de bain, chaises longues, tables et parasols, et les amateurs de bronzage y dégustent des boissons fraîches.

Salles de réunion et de travail

Le Bellagio peut recevoir des conférences de 5 500 participants dans 50 salles différentes, y compris 3 salles de bal. Un personnel spécialisé assure les services, comme le traitement de texte.

Les joueurs invétérés

Les grands joueurs sont courtisés par tous les grands casinos. L'attention qu'on leur porte dépend du montant de leurs paris : ceux qui parient des milliers de dollars en une soirée sont considérés comme des vedettes. Certains hôtels mettent parfois à leur disposition un avion privé, une suite luxueuse et un crédit illimité pour leurs consommations. Ces clients étant traités avec la plus grande discrétion, on ne les remarque pas.

➜ *Comment réserver un hôtel* **p. 135**

⭐🔟 Grand Canyon

La découverte de cette impressionnante curiosité géologique est une expérience époustouflante. Long de 443 km, large de 16 km et profond par endroits de 1,6 km, le Grand Canyon est doté de proportions écrasantes. Du fait des fortes variations d'altitude entre le fond et le sommet, le canyon abrite divers habitats désertiques et montagneux. South Rim (bord sud), plus facile d'accès par la route que North Rim (bord nord), se trouve à 5 heures de route de Las Vegas.

Strates de la paroi
du canyon

🍽 Meilleurs restaurants
du Grand Canyon
(p. 106).

🧭 South Rim est
accessible toute
l'année par la route,
contrairement à North
Rim, dont les routes
et les installations
sont fermées de la mi-
octobre à la mi-mai.

Un permis est
nécessaire pour
camper hors des
terrains officiels du
parc national du
Grand Canyon.
Contactez à l'avance
le Backcountry
Information Center.

• Plan V2 • South Rim
434 km, North Rim
408 km à l'E de Las
Vegas • Grand Canyon
Visitors Center, 928 638
7888, ouv. t.l.j. 9h-17h,
ouvert plus tard l'été.
• www.nps.gov/grca
• EP 25$ par véhicule
ou 12$ par piéton ou
cycliste pour le parc
national.

À ne pas manquer

1 Survol en avion
2 Rafting en eaux calmes
3 Visitor Centers
4 Sentiers de randonnée
5 Belvédères
6 Rafting en eaux vives
7 Voie ferrée du Grand Canyon
8 Ruines et musée de Tusayan
9 Condors de Californie
10 Forêt de trembles

Survol en avion
Le survol du Grand Canyon
est l'une des excursions les
plus appréciées au départ
de Las Vegas (p. 109).

Rafting en eaux calmes
Des organismes spécialisés
proposent des excursions
d'une journée pour s'essayer
aux joies de la navigation.
Sur 24 km, le circuit proposé
va de Glen Canyon Dam
jusqu'à l'entrée de
Marble Canyon
(p. 105), Lee's
Ferry, voire jus-
qu'au Grand
Canyon. Sur le
chemin, le fleuve
paisible serpente
entre de vertigi-
neuses parois.

Visitor Centers
Aux bureaux d'accueil
de North et South Rim,
on trouve des cartes
gratuites, et les fascicules
The Guide pour les
informations pratiques,
Jr Ranger Guide pour les
activités destinées aux
enfants et *The
Accessibility Guide* pour
les voyageurs handicapés.
Les expositions et les
librairies sont situées près
des centres. Si vous
passez la nuit dans le
parc, informez-vous sur
les programmes de
surveillance nocturne.

Sentiers de randonnée

Du côté de South Rim, les randonneurs apprécient les sentiers de South Kaibab, Bright Angel et Rim *(p. 108)*. À North Rim, ils empruntent ceux de North Kaibab, Bright Angel Point et Widforss. Ne tentez pas de faire l'aller-retour en une journée : procurez-vous un permis pour la nuit.

Belvédères

Les belvédères du canyon offrent des panoramas époustouflants. À South Rim, neuf miradors bordent la Hermit Road à l'ouest de Grand Canyon Village. Observez la rivière Colorado en contrebas du Pima Point. Les automobilistes peuvent longer la Desert View Drive (Hway 64) de South Rim à l'est de Grand Canyon Village et apprécier les vues spectaculaires des belvédères Grandview et Moran, et entrevoir l'Utah du haut de la tour de guet de 70 pi (23 m). North Rim est fermé de la mi-octobre à la mi-mai.

Condors de Californie

Le condor de Californie, d'une envergure d'environ 3 m, est une espèce menacée. On en voit parfois planer du côté sud du canyon.

Forêt de trembles

En automne, la dense forêt de trembles (variété de peuplier) de North Rim se pare de couleurs chatoyantes.

Rafting en eaux vives

Plusieurs compagnies, telle Canyon Explorations, proposent des descentes en raft sur le Colorado dans les gorges du Grand Canyon. Leur durée varie de 6 à 16 jours *(p. 109)*.

Voie ferrée du Grand Canyon

Quatre types de services sont offerts sur le train d'antan voyageant de Willams à South Rim. Des forfaits vacances sont également disponibles.

Ruines et musée de Tusayan

Entre South Rim Village et l'entrée est du parc se dressent les vestiges, datant de 1200 av. J.-C., d'un habitat rupestre des ancêtres des Hopi. Le musée voisin et les ruines de Tusayan abritent des objets évoquant les tribus qui vivent de nos jours dans la région, et donnent un aperçu de cette culture distincte et fascinante. Le musée est ouvert tous les jours.

L'exploration du Canyon

En 1869, le major John Wesley Powell, vétéran de la guerre de Sécession, mène une expédition dans le canyon, le long du Colorado. Le 28 août, trois hommes quittent le groupe au bord de Separation Canyon et sont tués par des Amérindiens. Ironie du sort, l'expédition de Powell sort indemne de la gorge le lendemain, après avoir réalisé la première exploration du Grand Canyon.

Pages suivantes **South Rim du Grand Canyon au crépuscule**

TOP 10 Venetian

S'inspirant de Venise, le Venetian est une imposante propriété lauréate de plusieurs prix. Centre de villégiature unique situé au cœur du Strip, il s'agit du lieu idéal à partir duquel explorer le reste du Las Vegas Boulevard. Le Grand Canal Shoppes, un paysage urbain intérieur où des gondoliers naviguent dans leur embarcation en chantant, avec en toile de fond la Place Saint-Marc, propose une foule de boutiques, salles de jeux, luxueuses stations thermales, salles de spectacles et quelque 30 restaurants raffinés.

Arcade du Venetian

🍽 Offrez-vous un repas au Postrio Bar & Grill de Wolfgang Puck, désigné par *Hotels Magazine* comme «l'un des dix meilleurs restaurants du monde».

❂ Il est presque aussi amusant – et beaucoup moins cher – d'observer les gondoliers que de faire une promenade en gondole. Visitez le Venetian un soir de pleine lune quand la foule s'est dispersée : il s'offre un spectacle stupéfiant.

• Plan P2 • 3355 Las Vegas Blvd. S
• 702 414 1000 ou 877 283 6423
• www.venetian.com
• $$$$$ suites seul.

À ne pas manquer

1 Architecture et ambiance
2 Grand Colonnade
3 Grand Canal
4 Place Saint-Marc
5 Grand Canal Shoppes
6 Restaurants
7 Musée de cire de Madame Tussaud
8 Événements spéciaux
9 Canyon Ranch SpaClub
10 Casino

1 Architecture et ambiance
La rencontre de la splendeur vénitienne et du faste de Las Vegas est assez spectaculaire. Si le Grand Canal du Venetian coule sur seulement 350 m, le manque d'authenticité est largement compensé par l'atmosphère festive qui y règne.

2 Grand Colonnade
Des reproductions de fresques encadrées d'or à 24 carats ornent les voûtes et les coupoles du plafond. Sols en marbre, colonnes classiques, courtisans en costume et panorama géant de la véritable Venise plongent les visiteurs au cœur de l'Italie romantique.

3 Grand Canal
Plutôt qu'un bateau, louez la gondole nuptiale du Venetian pour votre cérémonie de mariage. Vous pouvez même passer sous le pont du Rialto.

➔ Autres hôtels à thème p. 32-33
Catégories de prix p. 89

Grand Canal Shoppes
Les boutiques des rives du canal (p. 53 et ci-contre) conviennent à tous les goûts : accessoires de magicien chez Houdini, glace chez Häagen-Dazs, perles chez Mikimoto et vêtements de sport chic chez Banana Republic. Déplacez-vous en gondole ou flânez dans la longue allée qui relie les boutiques.

Restaurants
De célèbres chefs tiennent d'excellents restaurants au Venetian : Wolfgang Puck au Postrio (cuisine méditerranéenne), Mario Batali et son B&B Ristorante, le TAO Asian Bistro et le Valentino de Pierre Selvaggio. Vivez une expérience toute vénitienne dans le décor de la Place Saint-Marc.

Canyon Ranch SpaClub
La station thermale du Venetian, la plus grande en Amérique du Nord, comprend un escaladrome intérieur, deux centres de conditionnement et 94 salles de traitement.

Casino
Le casino dispose de 110 tables de jeu et de 2 000 machines à sous. La salle des gros parieurs, ou « Renaissance Room », est tapissée d'œuvres de Titien, de Tiepolo et du Tintoret. À l'étage du casino, une surface de 929 m² est consacrée aux sports et aux courses.

Musée de cire de Madame Tussaud
Dans un bâtiment inspiré de la bibliothèque de la place Saint-Marc, ce musée (ci-dessus) a été inauguré en 1999. Certains trouvent les mannequins encore plus ressemblants que ceux du musée londonien original (p. 44).

Événements spéciaux
Le Venetian organise différents événements tout au long de l'année, comme la commémoration annuelle des troupes et anciens combattants.

Course d'obstacles
Du travail de l'architecte à l'inauguration, la création d'un casino-hôtel est un long processus. Les plans doivent recevoir l'approbation de l'administration et des commissaires du comté, mais ce sont les propriétaires et les directeurs du casino qui subissent l'examen le plus rigoureux. Ils sont contrôlés par la Nevada Gaming Commission et soumis à une vérification approfondie de leurs antécédents avant de recevoir leur licence de jeu.

Place Saint-Marc
La topographie des lieux n'est pas tout à fait conforme à l'original, mais qu'importe ! L'ensemble est esthétique et harmonieux, et bien plus agréable que de nombreux complexes hôteliers plus récents.

Autres musées p. 44-45

Wynn Las Vegas

Bâti sur le site du légendaire Desert Inn, autrefois propriété de Howard Hughes, le dernier-né des complexes hôteliers du Strip a été conçu pour attirer les joueurs les plus dépensiers. De l'extravagance des villas et des terrains à la magnificence de la salle de montre Ferrari-Maserati et des chutes d'eau, l'opulence règne. Son hôtel-jumeau renforce le luxe du complexe par sa sélection de restaurants, boutiques et spectacles. Les jardins, avec montagne artificielle et petit lac, sont spectaculaires.

Poolside Cabana

🍽 The Buffet propose la restauration la plus variée – des sushis au steak – du Wynn Las Vegas; le tout sous forme de buffet. Petit déjeuner: 19,95 $ (lun.-ven.); déjeuner: 23,95 $ (lun.-ven.); dîner: 36,95 $ (dim.-jeu.) et 39,95 $ (ven.-sam.); brunch le week-end: 41,95 $ avec champagne.

✿ On trouve des repas moins coûteux dans plusieurs restaurants, dont le Pizza Place, le Terrace Pointe Café et le Zoozacrackers.

Chaussez des souliers de marche pour explorer le complexe, immense.

- Plan 2 • 3131 Las Vegas Blvd. S
- 702 770 7100, 888 320 7123 (appel gratuit)
- www.wynnlasvegas.com
- $$$$$.

À ne pas manquer

1. Casinos
2. Le Rêve – The Dream
3. Suites
4. Repas raffinés
5. Parcours de golf
6. Tryst
7. L'Esplanade du Wynn
8. Chapelles
9. Parc
10. Spa

1 Casinos

Ces deux casinos sont plus conviviaux que leurs dimensions ne le laissent croire. Les enjeux aux machines à sous ou aux jeux de table sont plus élevés que dans les autres casinos, attirant une clientèle haut de gamme, tout comme les élégants bars du casino. Le décor est fastueux, avec ses rideaux dans des tons naturels qui étouffent les bruits, et on n'y trouvera ni néon ni lumière clignotante.

2 Le Rêve – The Dream

Ce chef-d'œuvre aquatique est signé Franco Dragone, qui a aussi travaillé avec le Cirque du Soleil. Cette production époustouflante mêle costumes magnifiques, acrobaties à couper le souffle, nage synchronisée raffinée et tours comiques. La scène est entourée de toute part par les spectateurs: il n'y a donc pas de mauvaises places. Toutefois, sachez que les gens des rangées A à B se font toujours éclabousser par les artistes. Prenez vos précautions!

Autres hôtels à thème **p. 32-33**
Catégories de prix **p. 89**

Suites
La façade, constituée des fenêtres de ses 1 300 suites, donne sur le Strip, sur les terrains de golf ou sur les montagnes. Ces suites spacieuses disposent de lecteurs DVD et de téléviseurs à écran plat dans la salle de séjour, ainsi que dans la salle de bains.

Parcours de golf
Le propriétaire Steve Wynn et le golfeur Tom Fazio ont élaboré cet immense golf. Il a fallu déplacer plus de 800 000 m³ de sable ainsi que de nombreux arbres. En outre, de multiples éléments ont été construits dont une spectaculaire chute d'eau, haute de 10 m, sous laquelle on passe en quittant le 18e trou.

Tryst
Le Tryst est la plus raffinée des boîtes de nuit de la ville, avec ses majestueux escaliers de marbre, ses murs décorés de rideaux de soie rouge et sa chute d'eau autour de laquelle s'étend un patio. La soirée coûte au moins 450 $ pour 3 personnes. Cependant, on peut acheter au bar des consommations à un prix plus abordable.

Esplanade du Wynn
Faites du lèche-vitrines en longeant les devantures des boutiques de luxe. Les produits somptueux de chez Cartier, Oscar de la Renta et de chez Manolo Blahnik vous feront rêver. Un détaillant Ferrari-Maserati est à côté.

Chapelles
Pour ceux qui désirent se marier à Las Vegas, il y a 2 chapelles avec entrée privée réservées spécialement à cet effet, ainsi que des chambres nuptiales. Le Lilac Salon peut accueillir 65 personnes, tandis que le Lavendar Salon en reçoit 120. Le Primrose Court propose un décor romantique pour un mariage à l'extérieur.

Repas raffinés
Les restaurants du Wynn et du Encore emploient des chefs célèbres qui préparent les meilleurs plats de la ville. Le SW Steakhouse, la grilladerie par excellence de Las Vegas, propose des mets classiques avec une touche novatrice. Le Sinatra du Encore prépare des spécialités italiennes.

Parc
Les environs du Wynn sont splendides, quelle que soit la saison. On trouve partout de magnifiques arbres, des parterres en fleurs et des haies bien taillées.

Spa
Les clients du Wynn peuvent aller se reposer au Spa, dans l'une des 37 chambres de soin, décorées de fleurs et de papier peint (ci-dessous), ou recevoir ces soins dans leur chambre même.

Steve Wynn

Steve Wynn est sans doute l'homme qui a le plus contribué à façonner l'aspect du Strip de Las Vegas. Ce magnat des maisons de jeu a ouvert le Mirage en 1989 et permis ainsi l'avènement d'une ère nouvelle dans l'univers du jeu. En inaugurant le Bellagio 9 ans plus tard, il lançait la vague des complexes hôteliers d'une envergure nouvelle, décrivant son dernier-né comme « la construction la plus chère, la plus complexe et la plus ambitieuse jamais érigée ».

Autres boutiques et galeries marchandes p. 52-53

23

🔟 Red Rock Canyon

Il y a 225 millions d'années, Red Rock Canyon était entièrement recouvert par une mer intérieure. Celle-ci s'assécha, et l'escarpement, les formations et les grottes furent sculptés par le vent et la pluie. À seulement 38 km à l'ouest de Las Vegas, cette magnifique région désertique est un espace sauvegardé, protégé de l'expansion de la ville depuis 1990. Si la route panoramique de 21 km qui part de la Highway 159 offre de belles vues, c'est à pied qu'il vaut mieux découvrir cette partie du désert de Mojave.

Lézard du désert

⦿ Dans l'un des Einstein Bagels de Las Vegas, achetez de quoi faire un pique-nique sur l'aire de Willow Spring.

♿ Les personnes en fauteuil roulant peuvent visiter de nombreux sites près du centre d'accueil et de la promenade de Red Spring.

Un permis délivré par le Visitor Center est nécessaire pour passer la nuit sous la tente ou pratiquer l'escalade dans le canyon.

Prenez les précautions d'usage quand vous visitez une zone désertique *(p. 133)*.

• *Plan T2* • *38 km à l'O de Las Vegas* • *Visitor Center, 1000 Scenic Drive, ouv. 8h-16h30* • *702 515 5350*
• *www.nv.blm.gov/ redrockcanyon*
• *EP 7$ par véhicule*
• *emplacement de camping 15$ par nuit et par site.*

À ne pas manquer

1. Belvédère Red Rock Vista
2. Visitor Center
3. Randonnées pédestres et guidées
4. Tortues du désert en voie de disparition
5. Sentier de découverte pour les enfants
6. Pétroglyphes et pictogrammes
7. Thirteen-Mile Drive
8. Librairie
9. Fouette-queue du désert
10. Tinajas

1 Belvédère Red Rock Vista

Ce belvédère (à environ 1,6 km après la bifurcation de la Highway 159 vers le canyon) donne sur l'escarpement de Red Rock, qui surplombe le fond de la vallée d'une hauteur vertigineuse de 1 000 m. Au lever et au coucher du soleil, les couleurs de ce grès aztèque sont éblouissantes.

2 Belvédère Red Rock Vista

Le Visitor Center *(ci-dessous)* dispense cartes et renseignements. Vous y trouverez des expositions intérieures et extérieures consacrées à la géologie, à la culture et à l'histoire naturelle.

Red Rock Canyon

3 Randonnées pédestres et guidées

Le canyon offre plus de 50 km de sentiers de randonnée. Les plus fréquentés mènent à Calico Tanks (avec ses pierres de grès rouges) et à Oak Creek. Les itinéraires guidés s'attachent souvent à la flore ou à la géologie.

Autres parcs et réserves près de Las Vegas **p. 98-109**

4 Tortue du désert en voie de disparition

Cette tortue à carapace brune a une espérance de vie de 100 ans ! Elle creuse son terrier dans le désert et passe au moins 95 % de sa longue vie sous terre. Curieusement, le spécimen adulte peut subsister un an sans boire une goutte d'eau !

6 Pétroglyphes et pictogrammes

Le secteur de Willow Spring est orné de passionnantes sculptures et peintures rupestres préhistoriques. Les premiers habitants de la région pratiquant la chasse et la cueillette, les symboles gravés et peints sont probablement lié à la recherche de nourriture, mais leur signification exacte reste inconnue.

9 Fouette-queue du désert

Fréquent dans l'ouest des États-Unis, ce petit lézard au museau pointu et à la langue fourchue se nourrit de termites, d'araignées, de scorpions, de mille-pattes et de lézards. Il possède 4 ou 5 bandes claires sur le dos et un ventre jaune ou beige tacheté de noir.

10 Tinajas

Courantes dans les Calico Hills et à White Rock Spring, les *tinajas* sont des citernes rocheuses naturelles qui recueillent l'eau de pluie. La faune vient s'y abreuver et l'on peut y prendre de belles photos.

5 Sentier de découverte pour les enfants

Au centre d'accueil, les enfants peuvent obtenir des renseignements sur une foule d'activités éducatives. Le Children's Discovery Trail se trouve près de Willow Springs. Ce sentier en boucle de moins d'un mille compte plusieurs lieux d'intérêt. Les falaises qui le dominent sont idéales pour entrevoir des mouflons d'Amérique.

7 Thirteen-Mile Drive

La principale route panoramique *(ci-dessus)*, à sens unique, englobe les monts Rainbow et Bridge, et les Calico Hills. Les points de vue sont signalés en chemin. Des aires de pique-nique sont installées à Willow Spring, et la plupart des sentiers de randonnée sont accessibles des parkings.

8 Librairie

La librairie du Visitor Center couvre la flore, la faune et la géologie locales. Elle propose, entre autres, d'excellents romans pour enfants sur le thème du Sud-Ouest américain.

Culture du cyclisme

L'autoroute 159, qui mène à Red Rock Canyon à partir de Las Vegas, et sa pittoresque boucle sont populaires auprès des cyclistes, surtout les matins de weekend. Faites preuve de prudence sur cette route. Vous pouvez louer des vélos au Las Vegas Cyclery (8221 W. Charleston Blvd), chez McGhie's (4305 S. Fort Apache Rd) et dans d'autres commerces. Prenez garde à certains animaux, comme les lièvres et les serpents, qui peuvent surgir de nulle part. Apportez beaucoup d'eau et portez un écran solaire.

Forum Shops at Caesars

Opales d'Australie, espèces animales en voie d'extinction, haute couture, objets d'art : on trouve absolument de tout dans les 160 boutiques de l'incroyable centre commercial du Caesars Palace. Les visiteurs qui souhaitent simplement faire du lèche-vitrines ou admirer les fontaines, arches et colonnes du Forum peuvent flâner très tôt le matin dans les allées, qui restent ouvertes jour et nuit.

The Cheesecake Factory

🍽 Déjeunez dans un restaurant avec terrasse pour regarder passer les parades du Forum.

🕐 Planifiez une visite pendant les Fêtes pour admirer les décorations originales.

Gagnez du temps en marchant du parking aux boutiques, sans traverser l'immense casino.

Si vous voyagez avec des jeunes, visitez le fameux magasin de magie Houdini's Magic Shop.

• Plan P1-2
• Caesars Palace, 3500 Las Vegas Blvd. S
• 800 634 6001
• boutiques ouv. lun.-jeu. 10h-23h, ven.-dim.10h-minuit
• réservation restaurant 702 731 7731
• www.caesars.com

À ne pas manquer

1. Escalier roulant en colimaçon
2. Architecture
3. Voûte céleste
4. Joe's Seafood, Prime Steak & Stone Crab
5. Mode et design
6. Max Brenner
7. Planet Hollywood
8. Spago (restaurant)
9. Aquarium
10. The Cheesecake Factory

1 Escalier roulant en colimaçon

Un impressionnant escalier roulant autoportant en colimaçon se trouve au Forum Shops. Haut de trois étages, il est unique en son genre aux États-Unis. Conçu exclusivement pour le Forum Shops par Mitsubishi, il a été installé en 2004 lors de l'agrandissement du complexe.

2 Architecture

La conception du paysage s'inspire d'un ancien forum romain. Le Roman Great Hall a un diamètre de 160 pi (49 m) et fait 85 pi (26 m) de hauteur. Jetez un coup d'œil aux fontaines et statues classiques qui ornent les piazzas centrales ainsi qu'à l'aquarium d'eau salée de 50 000 galons.

La voûte céleste du Forum

3 Voûte céleste

Un ciel changeant est projeté au plafond du Forum : le soleil brille le matin, quelques nuages flottent l'après-midi et les étoiles scintillent le soir.

4 Joe's Seafood, Prime Steak & Stone Crab

Les plats principaux comprennent de bons steaks avec sauces maison, mais le lieu doit son succès au *stone crab* du golfe du Mexique à la moutarde française.

Autres boutiques et galeries marchandes p. 52-55 et p. 116

Mode et design

Depuis 2008, le centre commercial a encore gagné en superficie. Les enseignes aux noms de grands couturiers – Fendi, Gucci ou Valentino – confirment le slogan de ce lieu : « royaume des achats du monde ».

Max Brenner

Les Israéliens Max Fichtman et Oded Brenner ont élevé le chocolat au rang de concept culturel qui ne parle pas seulement à nos papilles, mais aussi à nos envies de sensualité et de nostalgie. Parmi les 30 succursales aux États-Unis, les Forum Shops abritent la plus grande enseigne. Brique apparente, bougies et bols remplis de fèves de cacao créent un cadre chaleureux où déguster des plats simples et de nombreuses spécialités au chocolat.

Planet Hollywood

Cet immense restaurant est l'un des plus vastes dépôts de souvenirs hollywoodiens. Orné d'affiches de cinéma et de photos de stars, il expose notamment des costumes portés dans des films célèbres, des accessoires et toutes sortes d'objets liés au 7e art. La cuisine californienne propose des sandwichs, des burgers alléchants et des salades insolites.

Spago (restaurant)

Premier des six restaurants du célèbre chef Wolfgang Puck, le Spago a mis la gastronomie à l'honneur, au détriment des fameux buffets traditionnels de la ville *(p. 48-49)*. À la carte figurent des mets comme la bisque de champignons sauvages, la salade de poulpe grillé et les côtes braisées au vin rouge servies avec des gnocchis à la ricotta.

Aquarium

Ce grand aquarium, contenant près de 200 000 l d'eau de mer, abrite plus de 100 espèces océaniques. Les requins et les raies comptent parmi ses fleurons. La faune des récifs de corail est bien représentée. Des plongeurs distribuent la nourriture devant le public à 13 h 15 et 17 h 15. Une visite des coulisses a lieu à 15 h 15 du lundi au vendredi.

The Cheesecake Factory

Le menu de ce restaurant décline tous les styles en plus de 200 plats. On peut déguster de tout : tortillas accompagnées de toutes sortes de sauces, *bruschetta*, poulet *teriyaki* à la banane, à l'ananas et au sucre brun, spécialités Tex Mex, cheesecake triple chocolat au brownie et à la truffe...

Commerce ou divertissement ?

Dans la plupart des villes américaines, faire des achats est une activité en soi. Ce n'est pas le cas à Las Vegas, où le shopping est associé au divertissement. Au Forum Shops et dans certains hôtels, dont le Paris et le Venetian, musiciens, chanteurs, mimes et autres artistes déambulent dans les galeries marchandes pour amuser les visiteurs. Ces spectacles gratuits contribuent à l'ambiance festive et prestigieuse des lieux *(p. 52-53)*.

Autres renseignements sur le Caesars Palace p. 32

TOP 10 CityCenter

Le plus dispendieux projet immobilier privé jamais mené à bien aux États-Unis a coûté 8,6 milliards de dollars. Il occupe une superficie de 27 ha au cœur du Strip. « Ville dans la ville » conçue pour tout réunir en un seul lieu, le complexe renferme 5 propriétés distinctes : l'ARIA Resort, le Crystals at City-Center, le Mandarin Oriental, le Vdara Hotel et les Veer Towers résidentielles. Un casino, des centres thermaux de luxe et plusieurs galeries d'art sont assez proches pour passer de l'un à l'autre à pied.

Vue de CityCenter

💬 Commencez votre journée par un panini et un café au World News Kaffee's The Cup au 1er étage de Crystals, près de l'entrée des voituriers.

🚋 Un tram gratuit relie en 3 min CityCenter au Bellagio et au Monte Carlo.

• 3740 Las Vegas Blvd. S• Plan Q1-2 • ARIA Resort, 3730 Las Vegas Blvd. S, 866 359 7111, $$$$ • Crystals at City-Center, 3720 Las Vegas Blvd. S, 866 754 2489 • Zarkana, ARIA Resort, www.cirquedusoleil.com • Wolfgang Puck Pizzeria & Cucina, Crystals, 702 238 1000, $$$$$ • Mandarin Oriental, 3752 Las Vegas Blvd. S, 702 590 8888, $$$$ • Vdara Hotel, 2600 West Harmon Ave., 866 745 7111, $$$$.

À ne pas manquer

1 Casino
2 ARIA Resort
3 Crystals at CityCenter
4 Spectacles
5 Centres thermaux
6 Restaurants
7 Mandarin Oriental
8 Expositions
9 Vdara Hotel
10 Architecture

1 Casino
La lumière naturelle qui baigne la salle du casino de l'ARIA Resort offre un contraste bienvenu avec l'éclairage artificiel de ses concurrents. Il abrite de luxueux salons avec des machines à sous de limite haute et des tables de jeu.

2 ARIA Resort
Ce complexe hôtelier *(ci-dessous)* propose 4 004 chambres et suites équipées du dernier cri technologique et donnant sur les montagnes environnantes. Il possède 16 restaurants, 10 bars, un Spa, un théâtre et 4 piscines découvertes.

3 Crystals at CityCenter
Ce vaste centre commercial *(ci-dessus)* réunit des magasins, des restaurants et des lieux de spectacle. Les marques Tom Ford, Paul Smith et Louis Vuitton y ont des boutiques. La décoration joue du contraste entre des formes évoquant la nature et des reflets et transparences abstraits.

Spectacles

Le CityCenter accueille un éventail de productions renversantes du Cirque du Soleil, comme Zarkana, un spectacle acrobatique exclusif de l'ARIA Resort. Ces événements grandioses, parmi lesquels a déjà figuré Viva Elvis, fascinent des publics de tous les âges.

Expositions

Les œuvres d'art du CityCenter en font un lieu d'exposition permanent. Des artistes comme Maya Lin, Jenny Holzer, Frank Stella et Richard Long ont fourni peintures, sculptures et installations en plein air et intérieures.

Vdara Hotel

Cet établissement ne loue que des suites à la pointe de la technologie, dotées d'une cuisine complètement équipée. Une passerelle piétonnière le relie à l'Aria et au Bellagio *(p. 14-15).*

Architecture

Huit des cabinets d'architecture les plus en vue du monde ont collaboré à CityCenter. Le Studio Daniel Libeskind a dessiné le grandiose Crystals Retail & Entertainment District, dont la forme évoque un bloc de quartz.

Centres thermaux

Le Spa de l'ARIA abrite un jardin aquatique et celui du Vdara propose des traitements holistiques. Les techniques orientales sont à l'honneur au Mandarin.

Restaurants

Les cuisines offrent de multiples options, y compris gastronomiques dans des établissements comme la Wolfgang Puck Pizzeria & Cucina.

Mandarin Oriental

Lauréat des cinq étoiles de Forbes pour son hôtel, sa station thermale et son restaurant, le Mandarin Oriental *(ci-dessous)* est un hôtel de 47 étages qui comprend 392 chambres et 225 appartements en copropriété. L'enregistrement a lieu au Sky Lobby du 23e étage. Une passerelle relie le Crystals at CityCenter.

Respect de l'environnement

L'US Green Building Council a approuvé le projet du CityCenter. L'Aria est aujourd'hui le plus grand hôtel de la planète à bénéficier du statut écologique LEED. Il le doit à la priorité accordée à l'éclairage naturel, à une centrale d'électricité et de chauffage locale et à un programme avancé de recyclage.

Gauche **Fort mormon** Centre **Le Rat Pack** Droite **MGM Grand**

TOP10 Un peu d'histoire

1 1855 : fondation d'un comptoir commercial

Habitée depuis des siècles par les Amérindiens et visitée par les explorateurs espagnols en 1829, la région n'est peuplée qu'en 1855 quand des mormons dirigés par Brigham Young y fonde un comptoir commercial.

2 1931 : légalisation du jeu au Nevada

La législation des jeux d'argent est assouplie au Nevada en 1931, mais cette réforme ne fait qu'officialiser une pratique déjà très répandue et parfois même légale *(ci-dessus)*.

3 1935 : Roosevelt inaugure le Boulder Dam

Lancé en 1931, le plus grand projet de barrage hydroélectrique du xxe s., rebaptisé plus tard Hoover Dam, est achevé 4 ans plus tard après avoir coûté la vie à 96 personnes *(p. 10-11)*.

4 Années 1940 : climatisation et irrigation

Grâce à la possibilité de rafraîchir les maisons et à la verdure générée par l'irrigation, le désert du Nevada attire les promoteurs. En

1941, Tom Hull, un hôtelier de Los Angeles, achète un terrain à 5 km au sud du centre-ville pour 300 $ l'hectare et y bâtit le motel El Rancho, nouveau concept d'hébergement de 100 chambres.

5 25 décembre 1946 : Bugsy Siegel inaugure l'hôtel Flamingo & Casino

Quelques hôtels suivent l'exemple d'El Rancho, mais quand le truand Benjamin Siegel, dit « Bugsy », fait construire le Flamingo, le style Miami Beach, qui deviendra la griffe du Strip, supplante l'ambiance Far West de la ville.

6 1960 : le Rat Pack à Vegas

L'extravagant Flamingo est très imité dans les années 1950, et le divertissement devient l'un des atouts majeurs des nouveaux casinos. C'est ainsi qu'en 1960 Frank Sinatra se produit à l'hôtel Sands devant un public rassemblant ses amis, dont John F. Kennedy. Dès lors, la vie à Vegas est rythmée par les apparitions de la bande du chanteur, le Rat Pack, composée entre autres de Sammy Davis Jr, Dean Martin, Peter Lawford et Joey Bishop.

7 1966 : arrivée de Howard Hughes

La Summa Corporation de Hughes est l'un des principaux acteurs de l'industrie des casinos-hôtels au Nevada. Selon la légende, un jour, le milliardaire excentrique est arrivé en ville en limousine pour s'enfermer dans sa suite du

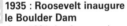

Las Vegas thème par thème

Desert Inn, et y vivre plusieurs années en reclus, sans se couper les ongles ni les cheveux.

Howard Hughes

8 Années 1990 : début de l'ère des hôtels à thème

Dans les années 1970 et 1980, les hôtels deviennent plus grands et plus ostentatoires. En 1991, le MGM Grand, le Treasure Island et le Luxor, en forme de pyramide, sont les véritables initiateurs de l'hôtellerie à thème.

9 1998 : ouverture du Bellagio

L'hôtelier Steve Wynn redéfinit la notion de luxe à Las Vegas avec le splendide Bellagio *(p. 14-15)*. L' ancien propriétaire du groupe hôtelier Mirage (vendu à MGM en 2000) est considéré comme le créateur du complexe hôtelier moderne.

10 2009 : une nouvelle génération d'hôtels

Las Vegas est une ville en perpétuelle évolution. Depuis peu, des complexes « villes » ont été édifiés, dont CityCenter. La revitalisation du centre-ville suppose des nouveautés en matière d'hébergement, de restaurants et de loisirs.

Hôtel Bellagio

Célébrités à Las Vegas

1 Céline Dion
Depuis 2003, la chanteuse québécoise s'est installée à Las Vegas et se produit 4 fois par semaine au Colosseum du Caesars Palace.

2 Jerry Lewis
Le célèbre partenaire comique du chanteur Dean Martin s'est produit pendant de nombreuses années à Las Vegas.

3 Howard Hughes
Ce milliardaire marginal a fait fructifier son héritage dans le cinéma et le transport aérien avant de s'attaquer au jeu.

4 Liberace
Le pianiste a débuté au Riviera en 1955. Devenu une icône de Las Vegas, il y a créé une fondation et un musée.

5 Wayne Newton
Le chanteur, qui débuta au Fremont en 1957 à 15 ans, fait souvent des apparitions à des événements célébrés en ville.

6 André Agassi
Né à Las Vegas en 1970, il a été l'un des plus grands champions de tennis.

7 Debbie Reynolds
Vedette de *Chantons sous la pluie*, elle possédait un casino-hôtel, musée de souvenirs hollywoodiens.

8 Robert Goulet
L'acteur et chanteur s'est produit de nombreuses fois à Las Vegas.

9 Surya Bonaly
L'ancienne championne de patinage artistique habite à Las Vegas.

10 Phyllis McGuire
C'est avec tendresse que l'on se rappelle la chanteuse de la formation McGuire Sisters, dont « Sincerely » figure parmi les grands succès.

Meilleurs casinos p. 36-37

Gauche **Venetian** Centre gauche **New York-New York** Centre droite **Caesars Palace** Droite **Excalibur**

Hôtels à thème

1 Venetian

Si le Venetian n'évoque pas vraiment la Venise authentique, l'ensemble de l'hôtel est une franche réussite d'un point de vue purement esthétique *(p. 20-21)*.

2 Caesars Palace

Inauguré en 1966, cet hôtel dédié à la Rome antique a longtemps été le plus somptueux et le plus ostentatoire du Strip. Il a dû néanmoins investir des millions de dollars en rénovation pour conserver son prestige. De nouvelles statues ont été érigées sur la pelouse devant l'hôtel, et l'ancien théâtre Circus Maximus a été modernisé. En revanche, le bar *lounge* flottant Cleopatra's Barge n'a pas changé, et ses serveuses portent toujours la toge. ◈ *3570 Las Vegas Blvd. S • plan P1-2 • 800 634 6001 • www.caesarspalace.com • $$$$.*

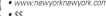
Hard Rock Hotel

3 Luxor

La pyramide de 30 étages du Luxor, flanquée d'un immense sphinx, donne le ton à l'un des édifices les plus emblématiques du Strip. À l'intérieur, une réplique de plusieurs niveaux du grand temple de Ramsès II mène à la cime de la pyramide. ◈

Luxor Hotel & Casino, 3900 Las Vegas Blvd. S • plan R1 • 702 262 4444 • www.luxor.com • $$.

4 New York-New York

Sur le carrefour le plus animé de Las Vegas se côtoient les célèbres monuments de la ville qui ne dort jamais : la statue de la Liberté, l'Empire State Building, les tours CBS, le Chrysler Building, le Brooklyn Bridge, Grand Central Station et la New York Public Library. La reproduction est assez libre, mais l'endroit reste passionnant. ◈ *3790 Las Vegas Blvd. S • plan R1-2 • 800 689 1797 • www.newyorknewyork.com • $$.*

5 Hard Rock Hotel

Avec une immense guitare en guise d'enseigne et l'énorme lustre orné de saxophones, cet hôtel est intégré au groupe Hard Rock. Des objets liés au rock'n'roll sont exposés jusque dans ses moindres recoins,

Spectacle des Sirènes du TI

et la musique d'ambiance est, bien évidemment, conforme au thème annoncé. La salle de spectacle a reçu des stars incontournables. ✆ 4455 Paradise Rd. • plan Q3 • 702 693 5000 • www.hardrockhotel.com • $$$$.

TI

Cet hôtel somptueux comprend une piscine tropicale avec cabines privées, des chambres de jeu ainsi qu'un immense Spa pouvant accueillir 50 personnes. Tous les soirs, les Sirènes du TI attirent les visiteurs avec leurs combats à l'épée, leurs plongeons périlleux et leurs effets pyrotechniques. Un pont piétonnier relie l'hôtel au Fashion Show Mall (p. 52). ✆ 3300 Las Vegas Blvd. S • plan P2 • 702 894 7111 • www.treasureisland.com • $$$.

Planet Hollywood

Ce complexe avec casino ultra-moderne est très bien situé près du Strip. Les 2 600 chambres séduiront les cinéphiles, tandis que les multiples distractions nocturnes attireront une foule branchée. Le complexe comporte aussi un Spa, 2 piscines et un théâtre de 1 500 places. ✆ 3667 Las Vegas Blvd. S • plan Q2 • 866 919 7472 • www.planethollywoodresort.com • $$$.

Paris Las Vegas

Si la tour Eiffel en version réduite reste impressionnante, la Ville Lumière perd au change dans ce transfert à Las Vegas. Le service est agrémenté de petits clins d'œil à une certaine idée de Paris, comme le livreur à vélo et le jovial « bonjour » (en français !) du voiturier.

Paris Las Vegas

✆ 3655 Las Vegas Blvd. S • plan Q2 • 702 946 7000 • www.parislasvegas.com • $$$.

Circus Circus

Comme son nom l'indique, cet hôtel-casino possède le plus grand cirque permanent au monde ainsi qu'un parc thématique de 20 ha (p. 71).

Excalibur

L'Excalibur fut l'un des premiers hôtels à thème (1990) et reste le favori des enfants. Le décor, de la galerie de jeux à la chapelle nuptiale de l'étage « Fantasy Faire », est inspiré de la légende du roi Arthur. ✆ 3850 Las Vegas Blvd. S • plan R1-2 • 702 597 7777 • www.excalibur.com • $$.

Circus Circus

Pages suivantes **Caesars Palace et le Forum Shops at Caesars**

Gauche **Rampart Casino** Centre **Fiesta Rancho** Droite **Harrah's Las Vegas**

🔟 Casinos

1 Rio All-Suite Hotel & Casino

Avec ses couleurs gaies, ses serveuses en costume à volants et son personnel avenant, le Rio *(ci-dessus)* est apprécié des habitants comme des visiteurs. Sa cuisine est considérée comme la meilleure des casinos de la ville. Le vidéo poker y est le jeu le plus pratiqué, sans doute à cause des téléviseurs miniatures fixés sur certaines machines. ◎ *3700 W Flamingo Rd.*
* *plan P1* • *888 396 2483*
* *www.riolasvegas.com*

2 Monte Carlo

L'édifice évoque son homonyme européen, mais l'intérieur est typique de Las Vegas, avec les machines et les tables de jeu habi-

Monte Carlo

tuelles. Le club de machines à sous est vraiment agréable. ◎ *3770 Las Vegas Blvd S.*
* *plan Q1-2* • *702 730 7777*
* *www.montecarlo.com*

3 Rampart Casino

Ce casino sophistiqué propose des jeux dans une ambiance avenante et intime, se démarquant par sa vaste sélection de machines à sous et par ses croupiers connaisseurs.
◎ *221 N Rampart Blvd.* • *plan A3*
* *702 869 7777 ou 877 869 8777*
* *www.rampartcasino.com*

4 Santa Fe Station

Les claustrophobes apprécient dans ce casino moderne la hauteur de plafond et les quelques machines proches de l'entrée principale. Des travaux importants ont ajouté des places de stationnement, des équipements sportifs et de nouveaux restaurants, comme le Charcoal Room Steakhouse. ◎ *4949 N Rancho Drive*
* *plan A1* • *800 678 2846*
* *www.stationcasinos.com*

5 Harrah's

C'est l'un des grands noms de l'industrie du jeu, avec 12 casinos implantés aux États-Unis. Harrah's offre un bon rapport qualité/prix pour le service, la cuisine et l'ambiance, ainsi que les meilleurs lots pour les joueurs des machines à sous. La carte du club étant valable dans toutes les propriétés du Caesars du pays, elle est idéale pour ceux qui aiment jouer où qu'ils aillent.
◎ *3475 Las Vegas Blvd. S* • *plan P2*
* *702 369 5000* • *www.harrahs.com*

 Autres casinos **p. 88 et p. 97**

M Resort
Perché sur une élévation de 120 m de hauteur à 16 km au sud du Strip, ce casino-hôtel domine tous ses concurrents et ménage un superbe panorama de la vallée. Il propose des jeux et des machines de vidéo poker en intérieur comme au bord de la piscine, ainsi qu'une salle de poker et un salon pour les grosses mises. ◈ *12300 Las Vegas Blvd. S, Henderson • plan H4 • 702 797 1000 • www.themresort.com*

Golden Nugget, Fremont Street

Fiesta Rancho
Si le décor est quelconque, les machines à sous et de vidéo poker seraient les plus généreuses de la ville. Une section de paris sportifs « drive-in » permet de jouer sans même sortir de sa voiture. Les restaurants étant proches du casino, les joueurs invétérés ne perdent pas de temps à se nourrir.
◈ *2400 N Rancho Drive • plan B2 • 702 631 7000 • www.fiestarancholasvegas.com*

Golden Nugget
La clientèle et l'ambiance de ce casino le distinguent de ses voisins du centre-ville. Les restaurants sont excellents et le cadre très agréable. Fremont Street Experience *(p. 79)* a lieu juste devant cet établissement. ◈ *129 E Fremont St. • plan K4 • 800 846 5336 • www.goldennugget.com*

Sunset Station
Fréquenté principalement par les habitants de Las Vegas, Sunset Station est juste en face de la galerie marchande Galleria at Sunset. Le casino, clair et bien aéré, dispose d'une garderie (Kids' Quest). ◈ *1301 W Sunset Rd., Henderson • plan F6 • 702 547 7777 • www.sunsetstation.com*

Sunset Station

ARIA Resort
La technologie est ici à l'honneur avec des écrans tactiles affichant les scores de rencontres sportives et des plans guidant les joueurs jusqu'aux plus gros jackpots. Il existe aussi plusieurs salons privés. ◈ *CityCenter, 3730 Las Vegas Blvd. S • plan Q1-2 • 866 359 7111 • www.arialasvegas.com*

Gauche *Le Rêve – The Dream* Centre *Kà* Droite *Blue Man Group*

TOP 10 Spectacles

1 "O"

Présenté par le Cirque du Soleil, *O* est un spectacle unique en son genre, créé autour du thème de l'eau. Acrobates, plongeurs et nageurs synchronisés s'exécutent sur l'eau, sous l'eau aussi bien que dans les airs. Pendant la représentation, le niveau de l'eau monte et descend grâce à 7 monte-charge hydrauliques, pour permettre plongeons spectaculaires et autres prouesses.

O par le Cirque du Soleil

⊛ *Bellagio, 3600 Las Vegas Blvd. S* • *plan Q1-2* • *888 488 7111 pour les billets.*

2 Mystère

Créé spécialement pour le TI (Treasure Island), *Mystère* est un spectacle enchanteur parcouru, comme toutes les productions du Cirque du Soleil, par une onde mystique. Les costumes novateurs et colorés ainsi que les danses époustouflantes et les éclairages vibrants font de ce spectacle une expérience mémorable. ⊛ *TI, 3300 Las Vegas Blvd. S* • *plan P2* • *800 392 1999 ou 702 894 7722 pour les billets.*

3 Penn & Teller

À défaut de réellement révéler leurs secrets, les « vilains garçons de la magie » s'emploient à briser toutes les règles de la prestidigitation au cours d'un spectacle provocateur et toujours hilarant où interviennent, selon les soirs, couteaux, pistolets, canard ou cracheuse de feu. Le show repose sur une participation active du public et de spectateurs invités sur scène. ⊛ *Rio All-Suite Hotel & Casino, 3700 W. Flamingo Rd.* • *plan P1* • *702 777 7776.*

Mystère, TI

4 KÀ

Ce spectacle innovant du Cirque du Soleil allie performances acrobatiques, arts martiaux, marionnettes, projections multimédia et pyrotechnie. Il s'inspire de la croyance égyptienne dans le « kà », selon laquelle un esprit invisible accompagnerait chaque être

Autres spectacles p. 118-119

humain tout au long de sa vie. Ce thème est développé à travers l'histoire de jumeaux qui se lancent dans une aventure périlleuse vers des terres inconnues pour accomplir leur destin. Cette pièce, qui met en scène 80 artistes de talent sur une scène en constant changement, est époustouflante. ✆ *MGM Grand, 3799 Las Vegas Blvd. S • plan R2 • 702 531 3826 ou 866 740 7711 (sans frais) • www.ka.com*

Le Rêve – The Dream

Ce spectacle, organisé en tableaux, se joue dans un bassin circulaire de 8 m de diamètre. La qualité des chorégraphies et de la musique, les effets spéciaux créatifs et les acrobaties aquatiques et aériennes justifient le succès qu'il rencontre depuis plusieurs années. Il porte bien son titre et entraîne dans un voyage onirique *(p. 22)*.
✆ *Wynn Las Vegas, 3131 Las Vegas Blvd. S • plan N2 • 702 770 9966.*

Jubilee !

Ce spectacle offre un mélange étonnant de numéros classiques et originaux. Les artistes, dans des costumes somptueux, dansent à la perfection sur de belles mélodies. Les effets spéciaux, comme le naufrage du *Titanic*, sont très réussis. ✆ *Bally's, 3645 Las Vegas Blvd. S • plan Q2 • 702 946 4567.*

Blue Man Group

Ce spectacle original à l'énergie contagieuse, drôle et définitivement d'avant-garde est à la fois un défilé et une soirée dansante où se côtoient humour, tambours, peinture et technologie. S'adresse aussi bien aux petits qu'aux grands.
✆ *Monte Carlo 3770 Las Vegas Blvd. S • plan Q1-2 • 800 258 3626.*

Jubilee !, Bally's Hotel

The Beatles LOVE

Le Cirque du Soleil combine sa magie avec l'esprit exhubérant et la musique intemporelle de l'un des groupes les plus aimés au monde. ✆ *The Mirage, 3400 Las Vegas Blvd. S • plan P1-2 • 702 792 7777 ou 800 963 9634.*

Absinthe

Ce spectacle-carnaval, présenté sur une scène centrale, s'adresse exclusivement à un public adulte. Des actes extravagants et excentriques à l'humour grinçant s'y succèdent. Les numéros sont réalisés à quelques pieds des spectateurs sur une scène intime.
✆ *Caesars Palace, 3570 Las Vegas Blvd. S • plan P1-2 • 800 745 3000.*

Mac King Comedy Magic Show

Mac King, l'un des magiciens les plus drôles et talentueux en ville, ensorcelle son public et le fait rire aux larmes avec son « voile de l'invisibilité » ainsi que ses trucs de corde et d'ombres chinoises.
✆ *Harrah's, 3475 Las Vegas Blvd. S • plan P2 • 702 369 5222.*

Distractions gratuites p. 76

Gauche **Thomas & Mack Center** Centre **Le Théâtre des Arts** Droite **The Smith Center for the Performing Arts**

🔟 Salles de spectacle

1 Hollywood Theater et Grand Garden Arena

Des têtes d'affiche comme Tom Jones et David Copperfield ou des musiciens comme Sting et Aerosmith se produisent régulièrement au Hollywood Theater de 630 places. Le Garden Arena (15 200 places) programme des concerts de vedettes et des événements sportifs majeurs. La salle abrita le Millenium Concert de Barbra Streisand le 31 décembre 1999 (le billet coûtait 2 500 $).
⊛ *MGM Grand Hotel, 3799 Las Vegas Blvd. S • plan R2 • 800 646 7787.*

Hollywood Theater

2 Mandalay Bay Events Center

Depuis l'inauguration de ce complexe de 12 000 places par Luciano Pavarotti en 1999, des artistes aussi différents que le ténor Andrea Bocelli, Ricky Martin et Bette Midler s'y sont produits. Le programme peut être très éclectique : la salle a déjà accueilli un combat de boxe entre Evander Holyfield et John Ruiz, la patineuse Katarina Witt dans *Kisses on Ice* ou

encore des concerts du groupe des Destiny's Child.
⊛ *Mandalay Bay Hotel, 3950 Las Vegas Blvd. S • plan R2 • 877 632 7800.*

3 Showroom at Planet Hollywood

Situé au Planet Hollywood Resort & Casino *(p. 33)*, cette salle de 1 500 places a été rénovée pour accueillir le spectacle permanent *PEEPSHOW*. Elle a auparavant reçu plusieurs productions prestigieuses comme *Forever Swing, Fosse* et *Les Misérables*.
⊛ *Planet Hollywood Resort & Casino, 3667 Las Vegas Blvd. S • plan Q2.*

4 Sam Boyd Stadium

Construit en 1971, le stade propose certains des plus grands spectacles et manifestations sportives du pays, mais aussi des concerts. Les Monster Jam World Finals et les USA Sevens figurent parmi les événements annuels.
⊛ *7000 E Russell Rd. • plan F5 • 702 895 3900.*

5 The Smith Center for the Performing Arts

Le Smith Center, avec sa salle de spectacle à l'acoustique exceptionnelle de 2 050 sièges, son cabaret de jazz et son théâtre intime, présente des productions de danse et de musique, des créations parlées ainsi que des spectacles de Broadway. Visitez le Symphony Park et jetez un coup d'œil aux œuvres d'art qui s'y trouvent. ⊛ *361 Symphony Park Ave • plan K3 • 702 749 2000.*

Autres spectacles p. 118-119

Artemus W. Ham Concert Hall

De l'autre côté de la cour, en face du Judy Bayley Theater, la salle de concerts Artemus W. Ham est un bâtiment élégant qui accueille des musiciens et des danseurs de renommée nationale et internationale. Le violoniste Itzhak Perlman et le ballet du Bolchoï, entre autres, y ont donné des représentations.✪ *University of Nevada Las Vegas, S Maryland Parkway • plan Q4 • 702 895 2787.*

Thomas & Mack Center

A priori conçu pour des parties de basketball collégial, le Thomas & Mack Center est aujourd'hui le domicile de plusieurs équipes semi-professionnelles, y compris le Sting et les Gladiators de Las Vegas, toutes deux des équipes de football intérieur, et les Bandits de Las Vegas, de l'International Basketball League. Le National Finals Rodeo y a lieu tous les ans et

Emblème du Clark County Amphitheater

attire des dizaines de milliers d'amateurs. Les activités familiales et les concerts sont tout aussi populaires que les événements sportifs. ✪ *University of Nevada Las Vegas, S Maryland Parkway • plan Q4 • 702 895 2787.*

Orleans Showroom

Ce théâtre de 850 places présente chaque mois plusieurs grandes vedettes du monde du spectacle, notamment Jerry Lewis, le chanteur Willie Nelson,

Peter, les Righteous Brothers, Dionne Warwick et bien d'autres artistes. ✪ *Orleans Hotel & Casino, 4500 W Tropicana • plan B4 • 702 365 7111.*

Le Théâtre des Arts

Ce théâtre de style parisien a ouvert en 1999. Des légendes de la musique telles que Earth, Wind and Fire ou les Moody Blues s'y sont produites.
Il présente aussi des comédies musicales. En 2008, il a accueilli le célèbre spectacle de Broadway *The Producers.* ✪ *Paris Las Vegas, 3655 Las Vegas Blvd. S • plan Q2 • 877 374 7469.*

Clark County Amphitheater

Cet amphithéâtre en plein air propose des spectacles gratuits assez éclectiques : « JAZZ IN THE PARK », festival Reggae in the Desert et plusieurs événements qui varient d'année en année. On peut y apporter son pique-nique dans un sac. Cette formule attire autant les employés des bureaux voisins que les habitants de Las Vegas et les visiteurs. ✪ *500 S Grand Central Parkway • plan K3 • 702 455 8200 • programme annoncé dans la presse locale.*

Distractions gratuites p. **76**

41

Gauche **TAO Nightclub** Centre **Eyecandy sound lounge** Droite **Pure au Caesars**

🔟 Boîtes de nuit et bars

TAO Night-club

Le TAO d'origine, un bistrot asiatique couru par les célébrités à New York, change de look au Venetian de Las Vegas (*p. 20-21*). Chutes d'eau, statues géantes de Bouddha et plage de sable artificielle caractérisent ce night-club asiatisant. Le samedi soir, la plage est transformée en un lieu exotique – spectacle lumineux avec lanternes chinoises flottant sur la piscine. Des DJ célèbres sont invités le dimanche soir. Prenez un verre à

Ghostbar

l'un des 3 bars ou savourez la vue magnifique depuis la terrasse. Le TAO est très couru les weekends, alors mieux vaut réserver une table. ◈ *The Venetian, 3355 Las Vegas Blvd. S • plan P2 • 702 388 8588 • ouv. jeu.-ven. 22h-5h, jeu.-sam. 21h30-4h • EP.*

1 OAK

Très populaire auprès des célébrités, cette boîte de 16 000 pi2, où sont exposés 13 tableaux de Roy Nachum, est équipée d'une chaîne stéréo haut de gamme et se divise en deux salles. Les concepteurs ont le souci du détail et le service est considéré comme l'un des meilleurs à Las Vegas. ◈ *The Mirage Hotel & Casino, 3400 Las Vegas Blvd. S • plan P1-2 • 702 588 5656 • mar., ven., sam 22h30-4h • EP.*

Drai's

Ce club aux murs tapissés de livres est le seul de Las Vegas à rester ouvert très tard. La cheminée, les sièges rembourrés et les palmiers d'intérieur créent une atmosphère intime. Avec les meilleurs DJ du monde, qui passent aussi bien de la musique techno que des rythmes latinos, la soirée se prolonge souvent après l'aube. ◈ *Bill's Gamblin Hall and Saloon, 3595 Las Vegas Blvd. S • plan P2 • 702 737 0555 • ouv. mer.-dim. à partir de 1 h.*

LAVO Nightclub

Petite, mais populaire, cette boîte de nuit se distingue grâce à ses sièges VIP surélevés, ses murs de cuir imprimé et ses mosaïques de miroirs. Ses pistes de danse ont la réputation d'être les plus énergiques de Las Vegas. ◈ *The Palazzo, 3325 Las Vegas Blvd. S • plan P2 • 702 791 1800 • mar.-mer.,dim. 23h-4h ; ven.,-sam. 22h30-4h • EP.*

Vanity

Autres spectacles musicaux p. 40-41

Tryst

Eyecandy sound lounge

Ce bar unique à la décoration étonnante est au centre du principal casino de Mandalay Bay. Un kaléidoscope de couleurs anime tout, des rideaux à la piste de danse. ⌖ *Mandalay Bay, 3950 Las Vegas Blvd. S • plan R1 • 702 632 7777 • ouv. t.l.j. dès 18h.*

Tryst

Cette boîte de nuit branchée est située dans l'un des complexes hôteliers du centre du Strip. Une tenue chic et décontractée est de rigueur, tandis que les chapeaux, vêtements de sport ou jeans trop grands sont à proscrire. ⌖ *Wynn Las Vegas, 3131 Las Vegas Blvd. S • plan N2 • 702 770 3375 • ouv. jeu.-sam. 22h-4h • EP.*

MARQUEE

Cette immense boîte compte sept bars et trois salles, qui ont chacune leurs particularités : la Main Room, la Boombox et la Library. Une cabine de DJ illuminée domine la Main Room. ⌖ *The Cosmopolitan, 3708 Las Vegas Blvd. S • plan Q1 • 702 333 9000 • ouv. lun., jeu.-sam. dès 22h • EP.*

Pure au Caesars

Ce club géant est la propriété de l'innovateur Angel Management Group. Avec le service d'un club haut de gamme, il attire une des clientèles les plus huppées du Strip. Des lits imposants et généreux entourent la piste de danse et une immense terrasse extérieure offre une vue superbe. ⌖ *Caesars Palace, 3570 Las Vegas Blvd. S • plan P1 • 702 731 7873 • ouv. jeu.-dim., mar. dès 22h.*

Vanity

Satins et velours profonds, miroirs anciens et cristaux taillés à la main, il règne une atmosphère d'opulence dans cette boîte de nuit. Elle abrite 2 comptoirs en marbre, une piste surbaissée et des alcôves VIP où s'isoler. ⌖ *Hard Rock Hotel, 4455 Paradise Rd. • plan Q3 • 702 693 5555 • ouv. ven.-dim. 22h-4h • EP.*

Ghostbar au Palms

Un des night-clubs les plus futuristes de Las Vegas. Le Ghostbar est connu pour son « ghost deck » et sa vue vertigineuse sur la piscine de l'hôtel, 55 étages plus bas. ⌖ *Palms Casino Resort, 4321 W Flamingo Rd. O • plan B4 • 702 942 6832 • ouv. t.l.j. dès 20h • EP.*

Gauche **Musée Madame Tussaud** Centre **Las Vegas Natural History Museum** Droite **Gallery of Fine Arts**

TOP 10 Musées et galeries

1 Bellagio Gallery of Fine Arts

Ce musée de niveau international présente des expositions temporaires d'œuvres d'art des XIXe et XXe s. ainsi que d'œuvres issues de différentes collections de particuliers. ❧ *Bellagio, 3600 Las Vegas Blvd. S • plan Q1-2 • 877 957 9777 • ouv. t.l.j 10h-20h • www.bellagio.com • EP.*

2 Musée de cire de Madame Tussaud

Approchez votre star favorite dans ce célèbre musée de cire. Par souci d'authenticité, de nombreux accessoires et vêtements proviennent de collections privées achetées aux enchères. ❧ *Le Venetian, 3377 Las Vegas Blvd. S • plan P2 • 702 862 7800 • ouv. dim.-jeu. 10h-22h30, ven.-sam. 10h-22h30 • EP.*

3 Musée pour enfants DISCOVERY

Situé au centre-ville de Las Vegas, le musée DISCOVERY de trois étages, qui a ouvert ses portes en 2013, compte 58 000 pi² (5 388 m²) de jeux éducatifs pour familles et enfants, ainsi que neuf salles d'expositions et un escalodrome de 60 pi (18 m). ❧ *Donald W. Reynolds Discovery Center, 360 Promenade Place, Symphony Park • plan K3 • www.now2wow.org • EP.*

Elvis, Madame Tussaud's

4 Atomic Testing Museum

Ce musée, qui abrita de 1951 à 1992 le centre américain de tests nucléaires, relate l'histoire de l'ère atomique à travers des artéfacts et des reconstitutions de l'époque de la guerre froide. Le Ground Zero Theater, réplique d'un bunker, propose la vidéo d'une explosion atomique avec son, air chaud et vibrations. ❧ *755 E. Flamingo Rd. • plan Q4 • 702 794 5151 • ouv. lun-sam 10h-17h, dim 12h-17h • EP • www. atomictesting museum.org*

The Neon Museum

Autres activités pour enfants p. 66-67

5 Nevada State Museum et Société historique

La collection de ce musée comprend des spécimens de mines et d'espèces sauvages du Nevada, des costumes de danseuses de Las Vegas et un jeton de 25 000 $ du Dunes Hotel.
⊗ 309 S. Valley View Blvd, at the Springs Preserve • plan C3 • 702 486 5205 • ouv. ven.-lun. 10h-18h • EP.

6 Neon Museum

Les enseignes lumineuses vues comme des œuvres d'art ; le musée donne une vision lumineuse de l'histoire de Las Vegas à travers un ensemble éclectique.
⊗ 770 Las Vegas Blvd. N • plan D2-3
• 702 387 6366 • vis. sur r.-v. seul.
• www.neonmuseum.org • EP.

7 Las Vegas Natural History Museum

Ne manquez pas les salles sur la faune mondiale, la salle d'exploration pratique à l'intention des enfants et la galerie de faune et flore marine. L'exposition sur les trésors d'Égypte présente des reproductions d'objets de l'ancienne Égypte.
⊗ 900 Las Vegas Blvd. N • plan J5
• 702 384 3466 • ouv. t.l.j. 9h-16h
• www.lvnhm.org • EP.

8 Clark County Heritage Museum

Des bâtiments historiques venus des 4 coins de l'État ont été remontés dans ce musée insolite, qui expose aussi des objets locaux.
⊗ 1830 S Boulder Hwy., Henderson • plan G6
• 702 455 7955
• ouv. 9h-16h30 • EP.

9 Las Vegas Springs Preserve

Découvrez l'histoire de Las Vegas à travers des expositions, jardins botaniques, sentiers de randonnée, spectacles d'animaux, cours et activités pour toute la famille. ⊗ 333 S Valley View Blvd. at US 95. • plan C3
• 702 822 7700 • ouv. t.l.j. 10h-18h • EP.

10 Marjorie Barrick Museum

La collection d'art ethnographique et contemporaine couvre une période de 2 000 ans et inclut des pièces en provenance de la zone culturelle mésoaméricaine. Le Xeriscape est un jardin de plantes résistant à la sécheresse.
⊗ UNLV Campus • plan Q4
• 702 895 3381 • mar.- mer.,ven. 10h-18h, jeu. 10h-20h, sam.-dim. 10h-16h
• Gratuit

Dinosaure au Natural History Museum

Gauche **Oscar's** Centre **Joël Robuchon Restaurant** Droite **Pamplemousse**

⑩ Restaurants gastronomiques

Andre's

1 Ce restaurant *(ci-dessus)* ajoute avec brio une touche moderne aux charmes de l'Ancien Monde. Les côtelettes d'agneau du Colorado accompagnées d'aubergines, de parmesan et de gratin dauphinois figurent parmi les spécialités du restaurant. Le personnel est avenant, et André Rochat préside aux fourneaux.
🅰 *Monte Carlo, 3770 Las Vegas Blvd. S • plan Q1-2 • 702 798 7151 • $$$$$.*

Picasso

Pamplemousse

2 Poutres rustiques, fleurs fraîches sur les tables, poteries et casseroles en cuivre, Pamplemousse évoque la Provence. Le repas commence par des légumes frais de saison en salade, suivis de plats comme le médaillon de veau à la crème et à la moutarde et le caneton rôti sauce au vin rouge et au rhum. 🅰 *400 E Sahara Ave. • plan M3 • 702 733 2066 • $$$$.*

Picasso

3 La salle, très chic, est décorée d'originaux de Picasso, et le tapis a été dessiné par le fils du maître. Julian Serrano, chef d'origine espagnole, crée de délicieux plats français contemporains parfois enrichis d'une touche ibérique : salade de homard tiède, pétoncles poêlés, foie gras sauté et filet de flétan sauté.
🅰 *Bellagio, 3600 Las Vegas Blvd. S • plan Q1-2 • 702 693 7223 • $$$$$.*

Joël Robuchon Restaurant

4 Les plats de ce restaurant, principalement inspiré de la cuisine française mais avec une touche d'influence asiatique et espagnole, sont un délice autant pour la bouche que pour l'œil. Parmi les spécialités, notons Le Caviar, une assiette de couscous, de caviar Ossetra, d'onctueuse crème de chou-fleur et de gelée d'asperges vertes. 🅰 *MGM Grand, 3799 Las Vegas Blvd. S • plan R2 • 702 891 7925 • $$$$$.*

Oscar's

5 Située dans l'emblématique dôme du Plaza Hotel-Casino, cette

Autres restaurants p. 48-49, p. 82, p. 90, p. 96 et p. 106

grilladerie propose des steaks vieillis à la perfection, des accompagnements originaux, des recettes familiales et de délicieux cocktails. Les souvenirs qui composent le décor rétro-moderne du Oscar's saluent de façon unique l'ancien maire de Las Vegas, Oscar Goodman. ◈ *Plaza Hotel-Casino, 1 Main St • plan J4 • 702 386 7227 • $$$$$.*

Little Buddha
Tentures, sculptures et lustres composent un décor raffiné où dominent le rouge et le noir. Ce cadre se prête parfaitement à la dégustation de spécialités « fusion » de porc, de poisson, de canard, de poulet ou de bœuf. La carte offre aussi un large choix de sushis et sashimis. Ne manquez pas le délicieux gâteau au chocolat. ◈ *Palms Casino Resort, 4321 W Flamingo Rd. • plan B4 • 702 942 7778 • $$$$.*

Prime Steakhouse
Le chef superstar Jean-Georges Vongerichten transforme les standards des *steakhouses* en plats gastronomiques. Le bifteck d'aloyau, servi avec des poivrons shishito, des choux de Bruxelles caramélisés et des coings rôtis à l'érable, constitue l'une des spécialités. ◈ *Bellagio, 3600 Las Vegas Blvd S. • plan Q1 • 702 693 7111 • $$$$.*

Mon Ami Gabi au Paris Las Vegas
Cet authentique bistro parisien à la décoration baroque propose de solides classiques français, de la soupe à l'oignon aux crêpes aux fraises en passant par le steak-frites. Depuis la terrasse, la vue sur le Strip est à couper le souffle. ◈ *Paris Las Vegas, 3655 Las Vegas Blvd S. • plan Q2 • 702 944 4224 • $$$.*

Prime Steakhouse

Roy's
Le restaurant, inventif, propose une cuisine fusion hawaiienne qui met en vedette les fruits de mer. Essayez le crabe wasabi bénédictine ainsi que le thon grillé au feu de bois, spécialités de la maison. ◈ *620 E Flamingo Rd. • 702 691 2053 • $$$$$.*

Bradley Ogden
Ce restaurant chic du célèbre chef de San Francisco est approvisionné chaque jour en produits frais savoureux. On y déguste des plats originaux, comme le flétan à la fleur de courgette. Les desserts sont divins. ◈ *Caesar's Palace, 3570 Las Vegas Blvd. S • plan P1-2 • 702 731 7410 • $$$$$.*

Gauche et centre **Enseignes de buffets à volonté** Droite **Carnival World Buffet**

TOP10 Buffets et brunchs

1 Village Seafood Buffet

Ce buffet, très prisé depuis son ouverture en 1997, reste le préféré des habitants. Queues de homard, crevettes, palourdes et autres fruits de mer arrivent chaque jour par avion et sont conservés dans l'eau salée. Excellent barbecue mongol de fruits de mer. ⊗ *Rio All-Suite Hotel & Casino, 3700 W Flamingo Rd. • plan P1 • 888 396 2483 • $$$.*

2 Carnival World Buffet

Quel plaisir que d'observer les chefs accommoder de mille façons les saveurs du Brésil, de l'Orient, de l'Italie, du Mexique et des États-Unis ! ⊗ *Rio All-Suite Hotel & Casino, 3700 W Flamingo Rd. • plan P1 • 888 396 2483 • $$.*

3 Sterling Brunch

C'est le brunch le plus cher de la ville, mais sa qualité et son inventivité sont inégalées. Choix de 25 hors-d'œuvre dont la mousse de *prosciutto* sur lit de framboises, le caviar sur blinis chauds et le gaspacho de homard. Le feuilleté de saumon rôti avec mousseline de crevettes et d'épinards est la vedette du buffet, et le pain perdu à la glace à la cannelle est incontournable. Réservation indispensable. ⊗ *Bally's Hotel, 3645 Las Vegas Blvd. S • plan Q2 • 702 967 4661 • $$$$.*

4 Bellagio Buffet

Ce somptueux buffet décline des saveurs chinoises, japonaises, italiennes et américaines en plus de 60 plats. Poitrine de canard sauvage, gibier rôti ou crevettes à volonté : il y en a pour tous les goûts. Le cheesecake et les framboises nappées de chocolat font l'unanimité. ⊗ *Bellagio, 3600 Las Vegas Blvd. S • plan Q1-2 • 888 987 6667 • $$$.*

5 Sweet Tomatoes Salad Bar

Dans ce buffet de crudités au cadre apaisant, on peut choisir les ingrédients de son omelette. Goûtez à un grand assortiment de sauces et de produits bien frais. Le chili maison et les pommes de terre farcies sont exquis. ⊗ *375 N Stephanie St. • plan E6 • 702 933 1212 • $.*

Sweet Tomatoes Salad Bar

 Autres restaurants p. **82 et p. 90**

Golden Nugget Buffet

Flavors Buffet

Les casinos-hôtels du groupe Caesar sont réputés pour leur excellente cuisine. Si ce buffet n'est pas des plus originaux, la qualité des plats et le service restent haut de gamme. Les initiés s'y pressent pour les salades d'une grande variété et les desserts particulièrement tentants. ◈ *Harrah's, 3475 Las Vegas Blvd. S • plan P2 • 702 693 6060 • $$.*

Buffet au TI

Ce buffet propose une sélection de viandes cuites au barbecue, de pizzas, de mets grillés, de créations asiatiques et de sushis. La pâtisserie propose plusieurs desserts. ◈ *TI, 3300 Las Vegas Blvd. S • plan P2 • 702 894 7111 • $$.*

Studio B Buffet

Voyez les cuisiniers préparer devant vous les mets haut de gamme que sert ce buffet unique en son genre. Dégustez dans la salle à manger de 600 places les meilleures pâtisseries, y compris la populaire mini crème brûlée, ainsi que des soufflés, biscuits et tartes au chocolat. ◈ *The M Resort, 12300 Las Vegas Blvd S., Henderson • plan P4 • 702 797 1000 • $$.*

Golden Nugget Buffet

Las Vegas compte une soixantaine de buffets dont la plupart n'ont rien d'esthétique, mais le cadre du Golden Nugget est charmant, et les plats sont très savoureux. Ne manquez pas les tendres tranches de dinde et le pain perdu à l'ancienne. ◈ *Golden Nugget Hotel, 129 Fremont St. • plan K4 • 702 385 7111 • $$.*

Le Village Buffet

Le buffet du Paris Las Vegas offre une diversité très créative : omelettes, fromages importés, bouillabaisse, bisque de champignons sauvages, agneau, gibier, entrecôte et, bien évidemment, desserts à la française. ◈ *Paris Las Vegas Hotel, 3655 Las Vegas Blvd. S • plan Q2 • 702 946 7000 • $$.*

Catégories de prix p. 90

Gauche **Little Church of the West** Centre **Couple à Viva Las Vegas** Droite **Enseigne d'une chapelle**

⁜10 Chapelles nuptiales

1 Chapelles nuptiales du Bellagio

Ces 2 chapelles figurent parmi les salles de mariage les plus élégantes de Las Vegas. Outre le vitrail d'autel, les lampes et les lustres ornementés en améthyste et en verre de Venise rehaussent les tons pastel du mobilier. Services personnalisés par la réservation de chambres et l'organisation de mariages. ◈ *Bellagio Hotel, 3600 Las Vegas Blvd. S • plan Q1-2 • 702 693 7700, 888 987 3344.*

2 Viva Las Vegas

Cette chapelle est reconnue pour ses mariages traditionnels à la Elvis et ses cérémonies avec des toiles de fond comme le Red Rock Canyon. Des vedettes comme Angelina Jolie et Matt LeBlanc y ont fait une apparition. ◈ *1205 Las Vegas Blvd. S • 702 384 0771 • plan L3.*

3 Little Church of the West

Cette petite église de l'Ouest, fondée en 1942, est l'une des plus anciennes de la ville. C'est la pré-férée des stars : Zsa Zsa Gabor et George Saunders, Angelina Jolie et Billy Bob Thornton, le mannequin Cindy Crawford et l'acteur Richard

Gere y ont célébré leur mariage. ◈ *4617 Las Vegas Blvd. S • plan C5 • 702 739 7971.*

4 Temples israélites

Contrairement aux chapelles nuptiales, rares sont les églises et les synagogues qui célèbrent des cérémonies improvisées. Les conditions requises pour le mariage varient selon la religion. Renseignements au temple Beth Sholom ou au temple Adat Ari El. ◈ *Temple Beth Sholom (orthodoxe), 10700 Havenwood Lane • 702 804 1333*

5 Christ Church Episcopal

C'est l'église épiscopale traditionnelle la plus proche du Strip. N'oubliez pas que les églises du diocèse épiscopal du Nevada imposent un rendez-vous avec le pasteur avant la célébra-tion du mariage. ◈ *2000 S Maryland Parkway • plan M4 • 702 735 7655.*

6 Salles de mariage du Wynn

Le Wynn a trois salles de mariage : deux intérieures et une extérieure. Pour les couples qui souhaitent réduire leur niveau de

Salle de mariage du Wynn

Autres renseignements sur le mariage à Las Vegas p. 120-121

stress, sept forfaits différents sont offerts selon le type de cérémonie recherché. ⊗ *Wynn Las Vegas, 3131 Las Vegas Blvd S. • plan N2 • 702 770 7400.*

Canterbury Wedding Chapels

Créez votre propre version de Camelot en épousant votre chevalier dans l'une des chapelles médiévales de l'Excalibur. Si vous cherchez à rendre votre mariage historique, mais que vous ne possédez pas d'armure ou de robe de bal, louez un costume pour célébrer cette occasion spéciale. Les couples déjà mariés peuvent aussi y renouveler leurs vœux. ⊗ *Excalibur Hotel, 3850 Las Vegas Blvd. S • plan R1-2 • 702 597 7278.*

Island Wedding Chapel

La chapelle de l'hôtel Tropicana offre un décor idéal pour un mariage romantique. La chapelle nuptiale peut accueillir un grand nombre d'invités, alors que l'Island Arbor et l'Arbor Courtyard sont plus intimes. Plusieurs forfaits sont proposés pour réaliser un éventail de mariages de rêve. ⊗ *3801 Las Vegas Blvd. S • plan R2 • 702 739 2451 ou 800 280 1187*

A Little White Wedding Chapel

Quintessence de Las Vegas, cette petite chapelle blanche est réputée pour les mariages insolites qui s'y déroulent. C'est ici, qu'au printemps 2001, de multiples sosies d'Elvis ont célébré leurs mariages en groupe. Pour les fiancés pressés, la chapelle a prévu un guichet nuptial pour automobilistes, unique au monde. Il est ouvert 24 h/24 et il n'est pas nécessaire de prendre rendez-vous. ⊗ *1301 Las Vegas Blvd. S • plan L4 • 702 382 5943 • www.alittlewhitechapel.com*

A Little White Wedding Chapel

Mariages en hélicoptère

Une entreprise d'hélicoptères et la Little White Wedding Chapel (qui mérite bien sa réputation d'excentricité) ont eu l'idée de s'associer pour célébrer des mariages aériens en hiver. L'hélicoptère survole les néons de Las Vegas pendant la cérémonie, si bien que le couple prononce ses vœux dans les airs. ⊗ *Little White Chapel in the Sky • 702 382 5943.*

Gauche **Canal Shoppes** Droite **Fashion Show**

TOP 10 Où faire des achats

Forum Shop at Caesars

Dans le complexe du Caesars Palace, signalé par sa devanture à 2 niveaux surmontée de statues de sénateurs romains, les boutiques bordent des rues à la romaine. Outre les articles européens, la mode américaine est représentée par des enseignes comme Banana Republic, Ann Taylor et Houdini's Magic Shop. Pendant la période des Fêtes, Forum Shops est particulièrement populaire. Le complexe a été agrandi de 175 000 pi² (16 258 m²), avec la construction d'étages supplémentaires.

Via Bellagio

La galerie commerçante du Bellagio est très réussie (p. 15). Même si vous êtes intimidé par les boutiques somptueuses, comme celles de Fendi, Chanel, Gucci ou encore Tiffany & co., dont les vitrines brillent de mille feux pendant les fêtes de Noël, n'hésitez pas à vous promener dans cet endroit unique et très agréable. ✪ Bellagio, 3600 Las Vegas Blvd. S • plan Q1-2.

Miracle Mile Shops

Mode anglaise chez French Connection, vêtements décontractés chez Urban Outfitters et magnifiques accessoires chez Pashmina by Tina. Parmi les 170 boutiques spécialisées se trouve le Club Tattoo, avec ses artistes du tatouage. ✪ Planet Hollywood Resort and Casino, 3667 Las Vegas Blvd. S • plan Q2.

Fashion Show

Ce paradis du shopping de luxe abrite des boutiques comme Macy's ou Saks Fifth Avenue et accueille des défilés de mode et d'autres manifestations. ✪ 3200 Las Vegas Blvd. S • plan N2.

Galleria at Sunset

La galerie, très récente, comprend des grands magasins et propose divers services : cordonnerie, réparation et nettoyage gratuit des bijoux, retouches et couture, paquets-cadeaux, instituts de beauté, salons de coiffure et vente de timbres-poste. ✪ 1300 W Sunset Rd., Henderson • plan E5.

Via Bellagio

Autres magasins p. 54-55 et p. 116

Crystals at CityCenter

Regroupant la plus forte concentration de boutiques de grands designers, cette zone commerciale haut de gamme attire les visiteurs friands de Prada, Gucci, Ermenegildo et Dolce & Gabbana. D'autres boutiques, comme la librairie Assouline, qui se consacre aux sports et à la culture, sont uniques en leur genre. ⬡ *3720 Las Vegas Blvd. S • plan Q1-2.*

Grand Canal Shoppes at The Venetian

Dans la galerie du 1er étage du Venetian *(p. 20-21)*, d'une élégance toute européenne, les boutiques regorgent d'articles de luxe : dentelle de Venise faite à la main, verrerie, masques, soieries, chaussures et bijoux de divers pays d'Europe. L'ambiance qui y règne participe au plaisir du shopping, bien qu'on n'y retrouve pas la véritable Venise. ⬡ *Venetian Hotel, 3355 Las Vegas Blvd S. • plan P2.*

Town Square Shopping Plaza

Mandalay Place

Ce centre qui abrite une sélection éclectique de boutiques sur plus de 9 000 m2 relie Mandala Bay au Luxor Hotel and Casino. On y trouve notamment le 1er magasin Nike de golf au monde et The Art of Music, qui propose des photos dédicacées. Il y a aussi plusieurs restaurants, comme le Minus5, l'un des bars de glace de Las Vegas. ⬡ *Mandalay Bay, 3950 Las Vegas Blvd. S • plan R1-2.*

Town Square Las Vegas

Évadez-vous un instant du Strip pour découvrir cet immense centre commercial excentré avec ses boutiques et ses ruelles pittoresques. Plus de 120 magasins et restaurants dont de grandes enseignes comme Abercrombie & Fitch, H&M et Apple. Le centre compte également un cinéma de 18 salles et un terrain de jeu avec une maison dans les arbres à 13 m de hauteur et 30 fontaines. Vous aurez l'embarras du choix entre les 18 restaurants. ⬡ *6605 Las Vegas Blvd. S • plan C5.*

Shoppes at Palazzo

Les amateurs de luxe seront comblés par le Palazzo. The Shoppes regroupe plus de 60 enseignes haut de gamme, notamment l'empire de la mode Barneys New York. On y trouve aussi de grandes marques comme Michael Kors, Christian Louboutin ainsi que Diane Von Furstenberg. ⬡ *Palazzo, 3325 Las Vegas Blvd. S • plan P2.*

Gauche **Horloge** Centre gauche **Bibelot de Circus Circus** Centre droite **Puzzle** Droite **Lunettes d'Elvis**

TOP 10 Souvenirs

1 Puzzles du Strip
On trouve à Las Vegas toutes sortes d'images et de puzzles de la ville. Les plus recherchés sont ceux représentant le Strip la nuit et les dessins humoristiques évoquant les curiosités du boulevard. Ce quartier ne cessant d'évoluer, peut-être posséderez-vous un jour un objet de collection.

2 Jetons de poker personnalisés
Ils existent dans les couleurs traditionnelles (p. 124), mais votre nom peut remplacer celui du casino, avec son logo. C'est un bon souvenir pour ceux qui aiment jouer à la maison.

3 Photos-souvenirs
Faites-vous photographier déguisé en pionnier, en cow-boy, en danseuse ou encore en chevalier. Vous pouvez aussi faire la couverture d'un magazine grâce à un habile photomontage. Le résultat, dont le prix dépasse rarement 25$, correspond bien à l'esprit de Las Vegas.

4 Lunettes de soleil et favoris d'Elvis
Bien que son premier spectacle à Las Vegas en 1956 n'ait pas remporté un grand succès, Elvis Presley est resté solidement associé à la capitale mondiale du divertissement. De nombreuses

boutiques proposent des lunettes et de fausses rouflaquettes pour ceux qui souhaitent incarner la première star du rock.

5 Objets kitsch
Le kitsch est omniprésent dans la ville. On trouve notamment des horloges en Plexiglas doré, en cuivre, en bois, ou autre matériau, indiquant l'heure par des dés. Le motif du jeu se décline sur d'autres objets usuels : sièges de toilettes incrustés de cartes à jouer et de jetons de poker ou distributeurs de mouchoirs en papier décorés...

Machine à sous ancienne

6 Spécialités gastronomiques du Nevada
Les denrées du Nevada les plus réputées sont les chocolats Ethel M., créés par Forrest Mars, membre du groupe industriel Milky Way, Mars et M&Ms. Les pickles Sweet'n'Spicy de Mrs. Auld, sa préparation pour scones ou ses cerises à l'eau-de-vie sont appréciées des gourmets. Les thés Davidson sont également excellents.

7 Machines à sous anciennes
The Liberty Bell, la première machine à sous, a été inventée par Charles Fey en 1895. Lors de ventes aux enchères, on peut

Jetons de poker

parfois trouver des modèles d'époque, allant du style victorien à l'Art déco. Les plus rares se vendent plusieurs milliers de dollars.

Programmes de spectacles et articles à logo

Tous les grands spectacles ont leur boutique, en général proche du guichet de location. On y trouve des T-shirts commémoratifs et divers enregistrements du show, mais aussi des articles de magie, des assiettes de cirque chinoises, des bouchons de bouteilles ornés de logos, des cordes à sauter, des Yo-Yo…

Gains au casino

Le meilleur souvenir à rapporter de Las Vegas est un gain au jeu. Bien que les perdants aux machines à sous, à la roulette et aux tables de jeu soient plus nombreux que les gagnants, des visiteurs remportent parfois le gros lot, comme les sommes colossales que distribuent les machines Megabucks et Quartermania.

Livres sur le Nevada

L'écrivain américano-basque Robert Laxalt a écrit le roman *Basque hôtel, Nevada* (éditions Autrement). Si vous êtes anglophone, les libraires proposent un vaste choix de publications sur la région comme *The Nevada Trivia Book* de Richard Moreno, *A Short History of Las Vegas* par Myrick et Barbara Land et les ouvrages sur les machines à sous de Marshal Fey (petit-fils de l'inventeur de la machine à sous).

Où faire une photo

1 Jardin d'hiver du Bellagio
Ses superbes compositions florales forment un beau décor, et le plafond vitré garantit un bon éclairage *(p. 15)*.

2 Gondole vénitienne
Des photographes vous proposent d'immortaliser votre tour de gondole *(p. 20)*.

3 Piscine du Hard Rock Hotel
Photographiez-la depuis une chambre de l'hôtel pour voir sa spectaculaire forme de guitare *(p. 32-33)*.

4 Chutes du Wynn Las Vegas
Particulièrement jolies lorsque l'eau baigne dans la lumière artificielle une fois la nuit tombée *(p. 22)*.

5 Madame Tussaud
Le musée permet de poser à côté des doubles des stars *(p. 44)*.

6 Brahma Shrine, Caesars Palace
Cette charmante châsse est censée porter chance *(p. 32)*.

7 Passerelle du TI
Les bateaux et le village constituent une ravissante toile de fond *(p. 33)*.

8 Artistes du centre-ville de Las Vegas
Les nombreux imitateurs de stars sont toujours ravis de poser en échange d'une pièce *(p. 13)*.

9 Passerelle entre le Wynn et le Fashion Show
C'est un superbe point de vue pour photographier le Strip. ⊗ *Plan P2.*

10 Volcan, The Mirage
L'immense volcan de l'hôtel The Mirage, haut de 16 m, est connu à Las Vegas. Il est le cadre d'un impressionnant spectacle gratuit *(p. 73)*.

Gauche **The Roller Coaster** Centre et droite **Circuit automobile de Las Vegas**

🔟 Sensations fortes et simulateurs

Roller Coaster

Pour ceux qui ont le courage de garder les yeux ouverts, les terrifiantes montagnes russes offrent une vue spectaculaire du Strip. Le parcours, tout en loopings et plongées, serpente à travers l'hôtel. Le manège fait une plongée de 44 m et atteint des vitesses de 108 km/h. ◈ *New York-New York Hotel, 3790 Las Vegas Blvd. S • plan R1-2.*

Big Shot

Sur la plus haute tour d'observation du monde, les passagers sont propulsés à 50 m dans les airs puis retombent en chute libre sur l'aire de lancement. Big Shot est déconseillé aux personnes sensibles et aux enfants. Faites un tour la nuit pour profiter de la vue sur le Strip. ◈ *Stratosphere Tower, 2000 Las Vegas Blvd. S • plan L-M3.*

Desperado

Ces montagnes russes font partie des plus rapides des États-Unis. Le Desperado atteint la vitesse de 129 km/h. Essayez d'apercevoir du point le plus haut le panorama sur la Primm Valley. Si vous n'avez pas eu assez de frissons, tentez la chute de 52 m avec le Turbo Drop ou faites-vous tremper avec Adventure Canyon Log Flume. ◈ *Buffalo Bill's, 31900 Las Vegas Blvd. S, Primm Valley, 56 km au sud de Las Vegas • plan T2 • 702 386 7867 • accès en fonction de l'âge, de la taille et du poids.*

Pole Position Raceway

Cette superbe piste de kart est ouverte aux débutants comme aux conducteurs expérimentés. ◈ *4175 South Arville • plan B4-5 • 7350 Prairie Falcon Rd • plan B2 • 702 227 7223 • accès en fonction de l'âge, de la taille et du poids.*

Big Shot, Stratosphere

Canyon Blaster

Adventuredome, le parc thématique couvert de Circus Circus, propose plusieurs attractions amusantes. La plus excitante est sans doute le très rapide Canyon Blaster, les seules montagnes russes couvertes ayant un double looping et un double tire-bouchon. Disk-O vous glace le sang sur un rythme disco, tandis que Rim Runner vous mouille de la tête aux pieds. ◈ *Circus Circus, 2880 Las Vegas Blvd. S • plan M-N2.*

Parachutisme intérieur au Vegas Indoor Skydiving

SkyJump Las Vegas

Les âmes les plus vaillantes peuvent faire une « chute libre contrôlée » de 261 m du 108e étage du Stratosphere et atteindre des vitesses de 64 km/h avant d'atterrir sur un tapis de chute. Achetez le forfait vous permettant de faire deux sauts, un le jour, l'autre la nuit. ◈ *Stratosphere Tower, 2000 Las Vegas Blvd. S • plan L-M3.*

Magic Motion Machines

Les attractions courtes mais pourvoyeuses de sensations fortes d'Excalibur comprennent « Sponge Bob Square Pants 4D », où vous voyagez sous l'eau et « Extreme Log Ride », un simulateur de grand huit au décor étonnant. ◈ *Excalibur, 3850 Las Vegas Blvd. S • plan R1-2.*

Airline Captain for a Day

Prenez le contrôle d'un simulateur de vol à système de mouvement complet et ressentez les sensations d'un pilote de Boeing 737. Cette activité de 30 minutes se fait dans les simulateurs qu'utilisent les vrais pilotes. ◈ *1771 Whitney Mesa Dr., Henderson • plan E5*

Vegas Indoor Skydiving

Chez Vegas Indoor Skydiving, l'aventure n'est pas sans risques, mais cet endroit est idéal pour avoir l'impression de voler. L'activité dure une heure et comprend une formation et une simulation de saut dans une soufflerie verticale munie d'un sol de trampoline et de murs coussinés. ◈ *Vegas Indoor Skydiving, 200 Convention Center Drive • plan N3.*

Richard Petty Driving Experience

Après une formation, les participants prennent le volant d'authentiques NASCAR-style stock-cars et se lancent dans la course ! ◈ *Las Vegas Motor Speedway, 7000 Las Vegas Blvd N.• plan E1.*

Autres activités pour les enfants **p. 66-67**

Gauche **Offshore, Lake Mead** Droite **National Finals Rodeo**

🔟 Festivals et événements

1 Nouvel An chinois

Les festivités du Nouvel An chinois, concentrées sur Chinatown Plaza *(p. 85)*, incluent pétards, danse du lion et repas feng shui traditionnellement associés à cette période. ◈ *Chinatown Plaza, Spring Mountain Rd. • plan B4 • 21 janv.-19 fév.*

2 St Patrick's Day

La Saint Patrick est l'occasion de nombreuses soirées dans les restaurants et les bars, mais la parade et les principales festivités se déroulent à Fremont Street Experience. Outre la bière verte et les plats traditionnels irlandais, on peut y apprécier un spectacle du Las Vegas Highland Pipe Band sur 2 scènes. ◈ *Plan K4 • 17 mars ou week-end le plus proche.*

3 Cinco de Mayo

Toute la communauté hispanique de Las Vegas célèbre la fête nationale mexicaine, qui commémore sur le Strip et partout dans la région la victoire des Mexicains sur les Français en 1862. Des formations de musique hispanique traditionnelle se donnent en spectacles, les margaritas coulent à flots et les tacos et tamales font le bonheur des fêtards partout en ville. ◈ *Partout en ville • 5 mai ou week-end le plus proche.*

4 Snow Mountain Powwow

Les danseurs tribaux en costumes viennent des quatre coins d'Amérique du Nord pour exécuter les danses rituelles ancestrales. On peut acheter des boucliers à plumes et des spécialités, comme les *tacos* navajo et le pain frit. ◈ *Paiute Indian Reservation, à 48 km au N • 702 658 1400 • mai.*

5 Greek Food Festival

Au cours de cette manifestation bientôt quarantenaire, la communauté grecque célèbre pendant 4 jours les traditions de sa terre et de ses îles natales. Chants et danses accompagnent la dégustation de spécialités culinaires. Des stands vendent de l'artisanat et des bijoux. ◈ *St John the Baptist Greek Orthodox Church, près de St Jones Blvd, 5300 S. El Camino Las Vegas • plan B5 • 702 889 6376 • sept.*

6 Pacific Islands Festival

Les nombreux peuples des îles du Pacifique qui vivent autour de Las Vegas célèbrent leurs cultures respectives un jour par an par des divertissements, expositions et vente de produits artisanaux. La cuisine, très riche, comporte *kim-chee* et *poi*, boulettes chinoises et *teriyaki*. ◈ *Henderson Events Plaza, 200 S Water St. • Plan G6 • 702 267 2171 • sept.*

Tournoi de golf

Maisons hantées de Halloween

Plusieurs entreprises ont créé des maisons hantées dans des stationnements, des centres communautaires et des parcs. Certaines sont terrifiantes, alors que d'autres misent sur des miroirs déformants et des effets surprenants pour vous surprendre. ◈ *Fin oct.*

Strut Your Mutt

Ce concours est un jour de fête pour tous les chiens, quel que soit leur pedigree. La Mutt Parade et les concours désignent le chien le mieux habillé, celui qui a le plus de taches et celui qui fait les tours les plus idiots, sans compter le concours de ressemblance entre maître et bête.◈ *Desert Breeze Park, 8275 Spring Mountain Rd. • Plan A4 • 702 455 8200 • mai.*

National Finals Parties et BBQ Cook-Off

Pendant la finale nationale de rodéo, toute la ville revêt jeans et bottes. Les casinos invitent des groupes de musique country, on danse country et on participe à un concours de cuisine barbecue.Le programme est publié dans les guides gratuits des spectacles. Le Cowboy Christmas Gift Show est l'une des activités les plus populaires. ◈ *Lieux variables • déc.*

Magical Forest

Opportunity Village, un organisme d'aide aux handicapés mentaux, récolte des fonds en créant une forêt magique de 50 arbres de Noël décorés. Les millions de lumières et la maison en pain d'épice sont les principaux attraits. Les activités nocturnes s'adressent à tous les publics et sont idéales pour les soirées en famille.
◈ *Opportunity Village, 6300 W Oakey Blvd. • Plan B3 • 702 259 3741 • nov.-déc.*

Épreuves sportives

National Finals Rodeo

Les meilleurs cow-boys visent un prix de 4 200 000 $. ◈ *Thomas & Mack Center • début déc.*

World Championship Boxing

Las Vegas est LA destination pour les championnats de boxe. ◈ *Caesars Palace, MGM Grand, Mandalay Bay, Thomas & Mack Center.*

NASCAR Sprint Cup Series

Assistez à des pratiques et des courses de la Sprint Cup. ◈ *Las Vegas Motor Speedway • début mars.*

Saison de base-ball

Les Las Vegas 51 jouent sur leur terrain. ◈ *Cashman Field, 850 Las Vegas Blvd. N • avr.-sept.*

Épreuves sportives de l'UNLV

Les Runnin' Rebels de basket-ball, football et base-ball sont en général bien classés. ◈ *Thomas & Mack Center, campus de l'UNLV • sept.-mai.*

NHRA Summit Nationals

Grande course nationale de dragsters. ◈ *Las Vegas Motor Speedway, 7000 Las Vegas Blvd. N • Horaire variable*

World Series of Poker

Le prix s'élève à un million de dollars. ◈ *Rio All-Suites Hotel & Casino • mai.-juil.*

PBR Championship

Concours professionnel de rodéo. ◈ *Thomas & Mack Center • Oct.*

Las Vegas Triathlon

Plusieurs athlètes participent à cette course. ◈ *Lake Mead • sept.*

Justin Timberlake Shriners Hospitals for Children Open

Ce tournoi attire des golfeurs de la PGA autour d'une bonne cause. ◈ *TPC Summerlin • oct.*

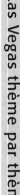

Gauche **Jet-ski** Droite **Vélo à Desert Shores**

🔟 Activités de plein air

1 Randonnée à Red Rock Canyon

Roulez vers le sud sur la 1-15, prenez la sortie 34 pour la 215 West, puis la sortie 26 pour le Charleston Blvd. Dirigez-vous ensuite vers l'ouest pour atteindre la Red Rock Canyon National Conservation Area *(ci-dessus)*. Une route panoramique serpente à travers le canyon, et les différents sentiers révèlent des sites sauvages *(p. 24-25)*.

2 Vélo à Desert Shores

Les cyclistes apprécient beaucoup les sentiers de Desert Shores, au nord-ouest de la ville, car ils sont ombragés et au bord de l'eau. Les secteurs résidentiels paisibles et chic de Green Valley et Charleston Boulevard sont également très agréables.

3 Sports aquatiques sur le Lake Mead

Si vous êtes amateur de sports aquatiques, mettez le cap sur Cal-ville Bay Marina, Las Vegas Boat Harbor ou Lake Mead Marina pour louer jet-skis, caravanes flottantes, skis nautiques ou autres embarcations. Le port du gilet de sauvetage est obligatoire sur les bateaux privés *(p. 92-95)*.

4 Roller à Summerlin

La municipalité de Summerlin, au nord-ouest du centre-ville, est dotée de trottoirs qui se prêtent bien au roller. Bordé de charmantes maisons et d'immeubles, ce quartier est très agréable et assez peu fréquenté par les voitures. Les patineurs chevronnés voudront sans doute visiter l'un des nombreux planchodromes en plein air de la ville.

5 Tennis à Sunset Park

Plusieurs des parcs publics de Las Vegas, y compris le Sunset Park *(ci-dessous)*, comptent une foule de terrains de tennis. Les visiteurs

doivent avoir leur propre équipement. ✆ *Plan D5* • *702 455 8200.*

Ski et snowboard à Mt. Charleston

Partie de volley-ball à Sunset Park

Confortable et lumineux, le Las Vegas Ski & Snowboard Resort offre de la neige poudreuse dans un climat généralement ensoleillé. Les monte-pentes fonctionnent de novembre à avril, avec des températures avoisinant les 86 °F (30 °C). Profitez des commodités, cours et équipements en location. Le centre se situe au nord de Mt Charleston, au bout de la 156. ✆ *72 km au NO de Las Vegas* • *702 385 2754* • *www.skilasvegas.com*

Disque-golf au Mountain Crest Park

Ce terrain de 18 trous est à la fois intéressant et populaire auprès des gens du coin. Il peut être achalandé les weekends, alors laissez passer les joueurs chevronnés. Certains tertres de départ sont difficiles à repérer. Les visiteurs doivent avoir leur propre équipement. ✆ *4701 N Durango Blvd.*

Basket-ball en plein air

Il y a toujours une partie de basket-ball en cours dans les parcs publics de Las Vegas. La plupart ont plusieurs terrains, souvent en bon état. ✆ *Desert Breeze Park, 8275 Spring Mountain Rd.* • *Sunset Park* • *plan D5.*

Flânerie sur le Strip

Bien qu'il existe des dizaines d'itinéraires hors des sentiers battus, particulièrement à Henderson, la plupart des visiteurs aiment flâner sur le célébrissime Strip. Cette artère, qui est en fait un tronçon de 6,5 km du Las Vegas Boulevard South (Highway 604), est l'une des plus fascinantes au monde. Portez des chaussures confortables et apportez beaucoup d'eau. Soyez prudent et respectez le Code de la route. ✆ *Plan M3-R2.*

Jogging à Sunset Park

Si vous avez besoin de vous dépenser, Sunset Park est l'un des endroits les plus appréciés par les habitants pour le jogging. Les sentiers sont bien entretenus, et le circuit comprend un chemin de remise en forme. Le cadre de ce parc dédié aux loisirs est charmant, on court parmi les parcours de *disc-golf*, jeux de fer à cheval, volley-ball et bateaux télécommandés sur le lac du parc, lesquels forment en toile de fond un spectacle très agréable. ✆ *Plan D5.*

Activités pour les enfants **p. 66-67**

61

Gauche **Las Vegas National Golf Club** Droite **Angel Park Golf Club**

🔟 Terrains de golf

1 Badlands Golf Club

Ce parcours de 27 trous, imaginé par les golfeurs Johnny Miller et Chi Chi Rodriguez, sinue au milieu de canyons et d'arroyos, ses greens dessinant des taches vertes dans un paysage désertique. C'est un bonheur que de jouer dans ce cadre typique du Nevada. Quatre jeux de tees le rend attrayant pour des joueurs de tous niveaux. Les forfaits hôtel-golf facilitent l'organisation de vos vacances. *9119 Alta Dr. • 702 363 0754*

2 The Legacy Golf Course

Conçu par Arthur Mills, ce terrain, populaire auprès des délégués de congrès, marie parcours à l'écossaise et végétation désertique du Nevada *(ci-dessous)*. Le parcours que jouent les professionnels fait 7 233 verges. Le point fort du court est le Devil's Triangle (trous 11-13). *130 Par Excellence Drive, Henderson • plan E6 • 702 897 2187.*

3 Dragon Ridge Golf Club

En plus de ses impeccables fairways et de ses différences de niveaux, Dragon Ridge offre de magnifiques vues de la vallée. Le terrain étant privé, l'accès est limité pour le grand public. *552 S Stephanie St., Henderson • plan E6 • 702 614 4444.*

4 Bali Hai Golf Club

Tout proche des hôtels Mandalay Bay et Four Seasons, ce parcours possède de denses bosquets de palmiers, de grands plans d'eau, des plantes tropicales et des fleurs pour un cadre paradisiaque *(ci-dessus)*. *5160 Las Vegas Blvd. S près de Russell Rd. • plan C5 • 702 597 2400.*

5 Angel Park Golf Club

Le Palm et le Mountain, les deux parcours de championnat de 18 trous de ce club, ont été conçus par le légendaire golfeur américain Arnold Palmer. Ils sont considérés comme les plus complets au monde. Le complexe comporte un practice éclairé le soir et une école de golf. *100 S Rampart Blvd. • plan A3 • 702 254 4653.*

Angel Park Golf Club

Las Vegas Paiute Golf Resort

Sis dans un paysage désertique accidenté, ce terrain est le premier complexe à parcours multiples dessiné sur les terres des Amérindiens. Il y a trois tracés, et ceux de Snow et Sun Mountain ont été conçus par Pete Dye, qui a conçu plusieurs terrains réputés. ⊗ *Snow Mountain, Hwy. 95 (sortie 95), 32 km au N de Las Vegas • 702 658 1400.*

Desert Willow Golf Course

Ce terrain ardu a été taillé dans les contreforts des Black Mountains. Il est entouré d'obstacles naturels et de collines. La longueur de ce 18 trous de normale 60 est de 3 811 verges. ⊗ *2020 W Horizon Ridge Parkway, Henderson • 702 263 4653.*

Las Vegas National Golf Club

Tiger Woods a joué sur ce terrain établi en 1961, en route vers sa première victoire dans la PGA (Professional Golf Association) en 1996. Des chaussures à crampons mous sont exigées sur ce terrain. ⊗ *1911 E Desert Inn Rd. • plan D4 • 702 734 1796.*

Royal Links Golf Club

Les trous sont conçus sur le modèle de ceux des terrains britanniques de l'Open, et tous les chariots sont équipés d'un GPS, ce qui s'avère très pratique. ⊗ *5995 E Vegas Valley Dr. • plan E4 • 888 427 6678.*

The Revere at Anthem

Ce terrain serpente à travers 3 canyons désertiques. Parmi ses atouts, il présente des variations naturelles d'altitude et de points de vue mémorables sur les toits de Las Vegas. Les tarifs d'été sont très intéressants, comme dans la plupart des golfs d'Henderson. ⊗ *2600 Hampton Rd., Henderson • 702 259 4653.*

➥ *Autres activités de plein air* **p. 60-61**

Gauche **Massage aux pierres** Droite **Qua Baths & Spa au Caesars Palace**

🔟 Spas et clubs de remise en forme

1 Canyon Ranch SpaClub
Le Spa du Venetian propose à ses clients une centaine de services : thérapie par le mouvement, bassins de Watsu et 20 types différents de massage. Le centre immense et le restaurant Canyon Ranch sont aussi ouverts aux non-résidents. Il y a un salon à service complet et de grands vestiaires mixtes. ◈ *Venetian Hotel, 3355 Las Vegas Blvd. S • plan P2 • 702 414 3600.*

2 Aquae Sulis Spa
Les traitements offerts à cette station thermale ne visent pas à rehausser la beauté extérieure, mais cherchent plutôt à faire vivre des expériences améliorant la santé et le mieux-être. Les clients peuvent ressentir les effets à long terme des traitements. Essayez le traitement ayurvédique. ◈ *J.W. Marriott Las Vegas, 221 N Rampart Blvd. • plan A3 • 702 869 7807.*

Kim Vō Salon, Spa au Mirage

3 Spa au Mirage
Les tensions s'évanouissent dans ce Spa récemment rénové, à la décoration sobre et relaxante. De nouvelles cabines de soins ont été aménagées. Le célèbre coloriste Kim Vo a ouvert un espace juste à côté avec un salon de coiffure pour hommes. ◈ *The Mirage, 3400 Las Vegas Blvd. S • plan P1-2 • 702 791 7472.*

4 Qua Baths & Spa at Caesars Palace
La décoration reflète la gloire de la Rome antique, et le Spa comporte des thermes romains et d'autres hommages au luxe impérial. Il propose de nombreux soins pour hommes et femmes, ainsi qu'une salle de musculation, un centre de fitness avec mur d'escalade et plusieurs salles humides. ◈ *3570 Las Vegas Blvd. S • plan P1-2 • 866 782 0655.*

5 Drift Spa
Des pierres noires et de jolis meubles composent le cadre idéal pour une séance de relaxation raffinée. Le menu anti-âge puise dans les traditions culinaires de la Turquie, de la Tunisie, du Maroc et de l'Espagne. Des cabines de soins dotées de jardins privatifs sont réservées aux couples. Le Spa comporte d'autres aménagements séduisants, comme des bassins chauds et froids, un hammam turc collectif et un hammam privatif. ◈ *Palms Place, 4321 W Flamingo Rd. • plan B4 • 702 944 3219.*

Autres équipements hôteliers p. 14-15, p. 20-23 et p. 32-33

Spa au Monte Carlo

Un équipement très haut de gamme et un service personnalisé sont les atouts de ce Spa à l'ambiance chaleureuse, reconnu dans le monde entier. Héliothérapie, enveloppement corporel, gommage du corps,

Spa Bellagio

soins du visage et différents massages sont proposés. Vous pouvez utiliser les bains giratoires, le sauna et le bain de vapeur à peu de frais. ⊗ Monte Carlo, 3770 Las Vegas Blvd. S • plan Q1-2 • 702 730 7590.

Grand Spa au MGM

Profitez du forfait Dreaming Ritual, comprenant bain de pieds, massage et soin à la boue sur fond de musique aborigène. Sinon, les excellents services d'exfoliation corporelle sont offerts dans une salle humide et comprennent l'utilisation d'une douche Vichy. L'exfoliation au café Arabica est l'un des services exclusifs. Il existe aussi des passes valables une journée pour la salle de remise en forme, le sauna et le Jacuzzi. Un salon de coiffure surplombe la piscine. ⊗ MGM Grand Hotel, 3799 Las Vegas Blvd. S • plan R2 • 702 891 3077.

Spa Bellagio

Dans ce luxueux centre de soins à l'italienne, l'élégance du marbre se marie au matériel de fitness dernier cri. La spécialité du Spa est le massage Bellagio Stone, qui associe pierres et bain bouillonnant avec une technique de rééquilibrage des énergies pour une décontraction totale. Le personnel est prévenant. ⊗ Bellagio Hotel, 3600 Las Vegas Blvd. S • plan Q1-2 • 702 693 7472.

Spa au New York-New York

Le Spa, récemment redécoré, vous plonge immédiatement dans une atmosphère reposante. Les soins comprennent un gommage du corps, une manucure et des massages faciaux anti-âge. ⊗ New York-New York, 3790 Las Vegas Blvd. S • plan R1-2 • 702 740 6955.

La station thermale de l'Encore

Peu de stations thermales peuvent se targuer d'offrir de si somptueuses salles de traitement, villas avec jardin et chambres matrimoniales. Tous les détails sont pris en compte. ⊗ Encore Las Vegas, 3121 Las Vegas Blvd S • plan N2 • 702 770 7070.

Gauche **Parc à thème Bonnie Springs Old Nevada** Droite **Rainbow Company Youth Theatre**

🔟 Activités pour les enfants

Adventuredome

Ce parc d'attractions couvert propose une foule de jeux et de manèges qui occuperont les enfants pendant des heures. Ils pourront essayer le Canyon Blaster, les montagnes russes ou se faire mouiller dans les embarcations du Rim Runner. ® *Circus Circus, 2800 Las Vegas Blvd. S • plan M-N2 • 702 794 3939 • ouv. t.l.j., horaire variable • EP.*

Siegfried & Roy Secret Garden et Dolphin Habitat

Ces 2 attractions forment un ensemble qui combine éducation et loisirs. Admirez les dauphins d'en haut *(ci-contre)*, puis empruntez le tunnel pour une promenade offrant des vues sous-marines. Le jardin secret est une oasis de verdure peuplée d'habitants peu communs : un léopard des neiges, des panthères, des tigres blancs, des panthères, des léopards et de très rares lions blancs. On peut y flâner autant qu'on le souhaite.

Dolphin Habitat, The Mirage

® *The Mirage, 3400 Las Vegas Blvd. S • plan P1-2 • 702 791 7111 • ouv. t.l.j. 10h-18h30 • EP.*

Rainbow Company Youth Theatre

Même s'ils ne parlent pas anglais, les enfants seront fascinés par les adaptations de contes populaires, comme *Cendrillon, La Belle au bois dormant*, ou par l'histoire de *Tom Sawyer*. La troupe est composée de 40 acteurs âgés de 10 à 18 ans. ® *800 S Brush St. • plan B3 • 702 229 6553 • EP.*

Children's Park

Cette zone de Town Square Las Vegas dédiée aux enfants comprend une cabane dans un arbre, une aire de jeu et des fontaines. La topiaire animalière du labyrinthe de haies comprend un éléphant, un singe, un dauphin et un flamant. Les nombreux espaces ombragés et la fontaine permettent aux visiteurs de rester au frais pendant l'été. ® *6605 Las Vegas Blvd. • plan Q5*

So Be Ice Arena

La patinoire de So Be Ice Arena, aux dimensions officielles de la LNH, dispose d'installations pour le patinage artistique et le hockey sur glace et offre la location de patins. ® *Fiesta Rancho Casino Hotel, 2400 N. Rancho Dr. • plan B2 • 702 631 7000 • EP.*

Las Vegas Mini Grand Prix

Tous les enfants adorent cet endroit à l'écart du Strip où ils trouvent voitures du Grand Prix adultes, karts de sprint, Dragon Coaster, Super Slide et de nombreux jeux vidéo. ◈ *1401 N Rainbow Blvd. • plan A2 • 702 259 7000 • ouv. t.l.j. 10h-21h; sauf sam. 10h-23h • EP.*

Shark Reef Aquarium

Le seul aquarium d'Amérique du Nord dédié aux prédateurs compte plus de 2 000 animaux dans 1,6 million de gallons d'eau. Plus de cent espèces de requins, raies géantes, piranhas, méduses et poissons-scies guettent les visiteurs qui arpentent les tunnels de verre. ◈ *Mandalay Bay, 3950 Las Vegas Blvd S. • plan R1-2 • 702 632 7777 • ouv. dim.-jeu., 10h-20h, ven.-sam., 10h-22h • EP.*

Bonnie Springs Old Nevada

Ce parc sur le thème du Far West, à 10 min à l'ouest du Strip, n'a pas la sophistication de ses homologues de Las Vegas, mais son charme rudimentaire séduit en général les enfants. Leurs attractions favorites sont les scènes de western dans la rue, les promenades en poneys, le zoo et les boutiques qui vendent des articles de l'époque. ◈ *16395 Bonnie Springs Rd • 702 875 4191 • horaire variable selon la saison • EP.*

Red Rock Lanes

La chaîne stéréo, les effets de lumière, les générateurs de brouillard et d'images ainsi que la boule en miroirs de cette salle de quilles de 72 pistes font d'une partie ordinaire une célébration. Il s'agit de

Salles de quilles Red Rock Lanes

la construction la plus dispendieuse des É.-U. en son genre. ◈ *Red Rock Resort, 11011 W. Charleston Avenue • plan A3 • 702 797 7777 • ouv. lun.-jeu., 8h-14h, ven. 8h-24h, sam. 8h-2h • EP.*

Flamingo Wildlife Habitat

Lorsque vous franchissez les portes du Flamingo Wildlife Habitat, vous entrez dans un monde de végétation luxuriante et d'animaux exotiques. Ces créatures, dont s'occupe une équipe d'experts, vivent toutes dans de magnifiques paysages et cascades. Loin du rythme frénétique du Strip, le refuge de flamants, cygnes, canards et tortues est un havre de tranquillité. Des présentations ont lieu sur l'île tous les jours à 8 h 30 et 11 h. ◈ *Flamingo Las Vegas, 3555 Las Vegas Blvd S. • plan P2 • ouv. t.l.j. 24h/24h • EG.*

VISITER LAS VEGAS

VISITER LA RÉGION

Gauche **Circus Circus** Centre **Tour du Venetian** Droite **Jets d'eau du Bellagio**

Le Strip

*L*as Vegas semble être une ville dédiée au spectacle, tout particulièrement le long du Strip. Le boulevard en lui-même est passionnant et recèle de nombreuses attractions dont les promeneurs peuvent librement profiter. Une foule d'hôtels de styles architecturaux différents s'y côtoient: le quartier abrite ainsi un sphinx égyptien, les canaux de Venise et même un château médiéval. De plus, certains des casinos offrent un spectacle gratuit devant leurs portes. Enfin, leurs galeries commerçantes sont très agréables, ne serait-ce que pour le lèche-vitrines!

Les Sirènes du TI

Circus Circus

🔟 À ne pas manquer

1. Sirènes du TI
2. Circus Circus
3. Jets d'eau du Bellagio
4. Flamingo Wildlife Habitat
5. Luxor
6. Forum Shops at Caesars
7. The Auto Collections at Imperial Palace
8. Shark Reef Aquarium at Mandalay Bay
9. Paris Las Vegas
10. Volcan du Mirage

Gondoliers, Venetian

Jets d'eau du Bellagio

Défiant la sécheresse et la chaleur du désert, plus de 1 000 jets d'eau exécutent, sur fond de musique classique, un superbe ballet aquatique au-dessus du lac de Bellagio, d'où ils jaillissent à 73 m de hauteur. Le Bellagio ainsi que d'autres établissements du groupe MGM Mirage préfèrent l'incandescence au néon. Ce type de lumière transforme le village italien qui borde le lac en une charmante toile de fond pour les eaux dansantes. Un spectacle qui fascine toujours les passants.

◎ *3600 Las Vegas Blvd. S • plan Q1-2 • spectacle toutes les demi-heures: lun.-ven. 15h-19h, sam.-dim. 12h-19h, tous les quarts d'heure t.l.j. 19h-minuit • EG.*

Flamingo Wildlife Habitat

Soixante-dix oiseaux, dont des flamants du Chili et des cygnes noirs, 300 poissons et 30 tortues vivent sur un habitat de 15 acres du Flamingo Las Vegas *(ci-dessous)*, situé au cœur du Strip. Il s'agit d'une oasis accueillante dans cet environnement désertique souvent accablant.

◎ *Flamingo Las Vegas, 3555 Las Vegas Blvd. S • plan P2 • ouv. 24h/24h • EG.*

Sirènes du TI

Devant l'hôtel, ce spectacle gratuit enchante les visiteurs. D'une durée de 23 min, il présente un groupe de pirates aux prises avec des créatures tentatrices : les sirènes de Treasure Island. Combats à l'épée, acrobaties, prouesses pyrotechniques et final digne d'une comédie musicale ont fait de cette représentation un grand succès. Chaque soir, une foule nombreuse vient le voir.

◎ *TI, 3300 Las Vegas Blvd. S • plan P2 • représentations printemps-été : ouv. t.l.j. 19h, 20h30, 22h, 23h30 ; automne-hiver : ouv. t.l.j. 17h30, 19h, 20h30, 22h. • EG.*

Circus Circus

Depuis plus de 40 ans, Circus Circus présente des spectacles fabuleux à des centaines de milliers de spectateurs. Il a programmé des vedettes comme The Flying Farfans d'Argentine, Charles Charles de Paris et son vélo miniature et l'acrobate russe Valerie Akishin. Les représentations se succédant toutes les demi-heures, il faut y retourner plusieurs fois pour voir les différents numéros.

◎ *2880 Las Vegas Blvd. S • plan M-N2 • spectacle toutes les demi-heures de 11h à minuit • EG.*

→ *Autres spectacles p. 38-39*

Imperial Palace Auto Collection

Luxor

Cette pyramide de verre foncé abrite un hôtel unique de 30 étages. C'est l'un des édifices les plus reconnaissables de Las Vegas. L'atrium d'une superficie de 820 000 m³ est gigantesque ; il comporte une reproduction grandeur nature du temple de Ramsès II. Un sphinx d'une hauteur de 10 étages (plus haut que l'original) monte la garde. L'hôtel comprend aussi la seule reconstitution grandeur nature, hors de l'Égypte, de la tombe de Toutankhamon.
Ⓢ *Luxor Hotel et Casino, 3900 Las Vegas Blvd. S • plan R1 • 702 262 4444.*

Forum Shops at Caesars

Utilisez le premier escalier roulant autoportant des É.-U. pour vous rendre à une boutique convoitée ou simplement pour le plaisir. Dans le Roman Great Hall, observez les centaines de poissons tropicaux qui nagent dans l'immense aquarium d'eau salée. Des plongeurs nourrissent les poissons deux fois par jour, alors restez à l'affût. Certaines boutiques proposent également des distractions : chez Magic Masters, par exemple, une porte secrète mène à la réplique de la bibliothèque de Harry Houdini, le célèbre magicien *(p. 26)*.

The Auto Collections at Imperial Palace

Parmi les 250 véhicules exposés, on peut admirer la Lincoln Continental de 1972 d'Elvis Presley et une Rolls-Royce Silver Cloud III de 1965 ayant appartenu à l'actrice et productrice américaine Lucille Ball. Il est difficile de croire que chaque pièce de cette collection est à vendre. L'entrée est payante, mais les offices de tourisme, des sites web et les guides des spectacles distribuent des tickets gratuits.
Ⓢ *Imperial Palace, 3535 Las Vegas Blvd. S • plan P2 • 702 794 3174 • ouv. t.l.j. 10h-18h • EP.*

Shark Reef Aquarium at Mandalay Bay

Cet aquarium de 5,9 millions de litres contient des milliers de créatures marines étranges et merveilleuses, comme le dragonnet arowana ainsi que 11 espèces différentes de requins. Ⓢ *Mandalay Bay Hotel, 3950 Las Vegas Blvd. S • plan R1-2 • ouv. dim.-mar. 10h-20h, ven.-sam. 10h-22h • EP.*

Autres renseignements sur le Strip **p. 8-9**

Paris Las Vegas

Les célèbres monuments parisiens, tels la tour Eiffel et l'Arc de Triomphe, sont reproduits avec art et fidélité, mais à une échelle réduite. Si vous êtes nostalgique de la France, achetez une baguette fraîche au marchand ambulant pour grignoter en écoutant les chansons de Maurice Chevalier, interprétées par un accordéoniste itinérant. Le magasin de jouets vaut également le déplacement. ✪ 3655 Las Vegas Blvd. S • plan Q2.

Volcan du Mirage

Avec un tel spectacle, il n'est pas étonnant qu'à sa construction, en 1989, le Mirage ait déclenché le boom de l'essor hôtelier des années 1990. Tous les soirs, jusqu'à 23 h, son volcan artificiel – de plusieurs millions de dollars (ci-dessous) – crache du feu à 30 m de hauteur tous les quarts d'heure. Un éclairage ingénieux et des effets de vapeur restituent les coulées de lave avec un bruitage impressionnant, mettant en évidence l'œuvre de Mickey Hart, batteur des Grateful Dead. ✪ Mirage, 3400 Las Vegas Blvd. S • plan P1-2 • éruptions 18h-23h • EG.

Le Strip en 1 journée

Le matin

🕐 Commencez par un petit déjeuner au délicieux Verandah Café au Four Seasons Hotel Las Vegas, dans le **Mandalay Bay**. Profitez-en pour admirer les requins à **Shark Reef Aquarium** en vous réjouissant de ne pas être leur petit déjeuner ! Vous pouvez aussi faire un tour à la **House of Blues** pour sa collection d'art populaire américain.

Remontez le Strip jusqu'au **Flamingo Wildlife Habitat** (p. 71) et, pour les passionnés d'automobile, poursuivez par **The Auto Collections at Imperial Palace**.

Allez dîner au **Flavors Buffet** du Harrah's, en face.

L'après-midi

Le **Forum Shops** est un lieu de perdition pour les amateurs de shopping.

Marchez jusqu'au **Circus Circus** (p. 71) ou, si vous ne voulez pas vous épuiser, prenez l'autobus Deuce ou le monorail, qui desservent tout le Strip. Là-bas, repérez la boutique de *donuts* Krispy Kreme pour une petite pause sucrée ; leurs beignets sont légendaires ! Admirez-vous dans les miroirs déformants puis revenez au **TI** pour voir le spectacle des sirènes.

Traversez la rue jusqu'au Casino Royale, installez-vous près de la fenêtre et dînez devant l'éruption du **volcan du Mirage**. Enfin, marchez jusqu'à la tour Eiffel du **Paris Las Vegas** pour la vue magnifique sur les **jets d'eau du Bellagio** (p. 71).

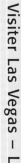

➜ Se déplacer à Las Vegas p. 114

73

Ci-dessus **Caesars Palace**

Catégories de prix

Prix par nuit pour	**$**	moins de 50 $
une chambre double	**$$**	50 $-100 $
avec petit déjeuner	**$$$**	100 $-150 $
(s'il est inclus), taxes	**$$$$**	150 $-200 $
et service compris.	**$$$$$**	plus de 200 $

🔟 Hôtels

Grands hôtels à thème
Les 3 hôtels les plus sompteux sont le Bellagio *(p. 14-15)*, le Venetian *(p. 20-21)* et le Paris Las Vegas *(p. 33)*. Les hôtels Caesars Palace *(p. 32)*, New York-New York *(p. 32)*, Treasure Island *(p. 33)* et Excalibur *(p. 33)*, plus petits, restent remarquables.

Tropicana Las Vegas
Cette propriété s'est refait une beauté grâce à des rénovations de 180 millions de dollars. ◈ *3801 Las Vegas Blvd. S • plan R2 • 800 462 8767 • www.tropLV.com • $$$.*

Harrah's
Dans les chambres de cet hôtel chaleureux et confortable, une télévision permet de jouer au keno. ◈ *3475 Las Vegas Blvd. S • plan P2 • 702 369 5000 • www.caesars.com • $$.*

Circus Circus
Ce vaste hôtel propose des attractions pour les enfants. Il comprend également le seul parc de RV du Strip. ◈ *2880 Las Vegas Blvd. S • plan M-N2 • 702 734 0410 • www.circuscircus.com • $$.*

Bally's
Atmosphère détendue, piscine et chambres luxueuses avec vue sur le Strip. ◈ *3645 Las Vegas Blvd. S • plan Q2 • 800 634 3434 • www.ballyslasvegas.com • $$.*

Cosmopolitan
Cet hôtel chic et sophistiqué de 2 995 chambres a ouvert ses portes en 2010. Le chandelier de trois étages en est la pièce maîtresse. ◈ *3708 Las Vegas Blvd. S • plan Q1-2 • 702 698 7000 • www.cosmopolitanlasvegas.com • $$$$$.*

The Mirage
Situé au cœur du Strip, le Mirage est célèbre pour son atrium tropical, sa jolie piscine à cascades et les tigres blancs de Siegfried et Roy. ◈ *3400 Las Vegas Blvd. S • plan P1-2 • 702 791 7111 • www.mirage.com • $$$$.*

Monte Carlo
Le thème européen est élégamment repris dans les chambres spacieuses équipées de salles de bains en marbre. ◈ *3770 Las Vegas Blvd. S • plan Q1-2 • 702 730 7777 • www.montecarlo.com • $$.*

MGM Grand
Bien qu'il soit l'un des plus vastes hôtels du monde, le MGM Grand a gardé une ambiance très décontractée. Son Spa est très luxueux. ◈ *3799 Las Vegas Blvd S. • plan R2 •. 702 891 7777 • www.mgmgrand.com • $$$*

Luxor
Sa pyramide de 30 étages et son sphinx géant font partie du paysage de Las Vegas depuis 1993. ◈ *3900 Las Vegas Blvd. S • plan R1 • 702 262 4444 • www.luxor.com • $$.*

Autres hôtels à thème p. 32-33

Gauche **Jeu vidéo de Vegas** Centre **Las Vegas Mini Gran Prix** Droite **Coney Island Emporium**

TOP10 Salles de jeu

Fun Dungeon
On y retrouve des attractions traditionnelles de fête foraine dans une ambiance médiévale.
◉ *Excalibur, 3850 Las Vegas Blvd. S • plan R1-2.*

Insert Coins
Les adultes aussi peuvent avoir du plaisir! Cette salle de jeux munie d'un bar propose de grands classiques, comme Space Invaders, Frogger, Pacman et Tetris.
◉ *512 Fremont St. • plan K4.*

Arcade at the Bellagio
Près de la Bellagio Gallery of Fine Art, cette salle de jeux vidéo séduira les amateurs de courses ou de combats virtuels.
◉ *Bellagio, 3600 Las Vegas Blvd. S • plan Q1-2.*

Pinball Hall of Fame
Ce musée et salle de jeux réunit des centaines de classiques et nouveautés. Les vieilles machines à boules coûtent 25 cents et les plus récentes, 50 cents.
◉ *1610 Tropicana Ave E • plan R5.*

Las Vegas Mini Gran Prix
Les voitures pour adultes et enfants, les karts et le centre de remise de prix expliquent la grande popularité de cet endroit.
◉ *1410 N. Rainbow Blvd. • plan A2.*

Joystixx
Les tables de billard, consoles de jeu et arcades classiques de ce bar sportif sont réservées aux 21 ans et plus.
◉ *Hooters Casino Hotel, 115 Tropicana E. • plan R2.*

Midway, Circus Circus
Jeux à gogo, miroirs déformants, stands de hot dogs, machines à pop-corn et autres plaisirs de carnaval. ◉ *Circus Circus, 2880 Las Vegas Blvd. S • plan M-N2.*

Coney Island Emporium
Dans un décor années 1940, essayez les versions new-yorkaises de jeux traditionnels et goûtez les spécialités de la Grosse Pomme.
◉ *New York-New York, 3790 Las Vegas Blvd. S • plan R2.*

Time-Out Arcade
En plus d'une salle de quilles, 50 jeux vidéo vous attendent au Time-Out Arcade.
◉ *South Point Hotel, Casino & Spa, 9777 Las Vegas Blvd. S*

Jeux vidéo en chambre
La plupart des grands hôtels louent ou prêtent du matériel de jeux vidéo. La loi exigeant la surveillance des moins de 12 ans dans les salles de jeu et le respect du couvre-feu par les moins de 18 ans, nombreux sont les parents à utiliser ce service.

Autres activités pour les enfants **p. 66-67**

Gauche **Les Sirènes du TI** Droite **Forum Shops at Caesars**

TOP 10 Distractions gratuites

Les Sirènes du TI
Le spectaculaire combat de pirates présenté régulièrement à l'entrée de l'hôtel *(p. 71)* est incontestablement en tête de la liste. ✪ *Treasure Island Hotel, 3300 Las Vegas Blvd. S • plan P2.*

Parc du Caesars Palace
L'ouverture du Caesars Palace en 1966 a fait l'effet d'une révolution à Las Vegas. Le parc, jalonné de reproductions de statues romaines, reste un enchantement. ✪ *Caesars Palace, 3570 Las Vegas Blvd. S • plan P1-2.*

Paris Las Vegas
Ce n'est certes pas le Paris authentique, mais des détails amusants recréent une ambiance joyeuse et bon enfant *(p. 73)*. ✪ *Paris Las Vegas Hotel, 3655 Las Vegas Blvd. S • plan Q2.*

Gondoliers musiciens du Venetian
Quand ils ne chantent pas en manœuvrant leur bateau, les gondoliers parcourent le casino en interprétant des *arias* italiennes. ✪ *Venetian, 3355 Las Vegas Blvd. S • plan P2.*

Flamingo Wildlife Habitat
Espace de 15 acres en plein air abritant plusieurs espèces d'oiseaux et poissons. ✪ *Flamingo Las Vegas, 3555 Las Vegas Blvd. S • plan R2.*

Volcan du Mirage
À la nuit tombée, le « volcan » du Mirage entre en éruption tous les quarts d'heure *(p. 73)*. ✪ *Mirage Hotel, 3400 Las Vegas Blvd. S • plan P1-2.*

Silverton Aquarium
Plus de 4 000 poissons tropicaux et créatures marines vivent dans cet aquarium d'eau salée de 117 000 galons (440 000 litres). ✪ *Silverton Hotel and Casino, 3333 Blue Diamond Rd. • Plan B-C6.*

Jets d'eau du Bellagio
La chorégraphie des jets d'eau devant le Bellagio est un spectacle éblouissant. ✪ *Bellagio, 3600 Las Vegas Blvd. S • plan Q1-2.*

M&Ms World
Une attraction entière, comprenant un film en 3 dimensions, a été créée autour de ces cacahuètes enrobées de chocolat. ✪ *Showcase Mall, 3875 Las Vegas Blvd. S • plan Q-R2.*

Sphinx, Luxor
On ne peut pas manquer le sphinx de 10 étages (plus grand que l'original en Égypte) qui garde l'entrée du casino-hôtel Luxor *(p. 72)*. C'est lors de l'atterrissage à l'aéroport McCarran International que l'on en a la meilleure vue. ✪ *Luxor Hotel & Casino, 3900 Las Vegas Blvd. S • plan R1.*

➲ *Autres distractions économiques* **p. 82**

Gauche **Volcan du Mirage** Centre **Jets d'eau du Bellagio** Droite **Panneaux du MGM Grand**

🔟 Voir et être vu

Hall du Bellagio
Dans les canapés du hall, on est aux premières loges pour admirer le luxe spectaculaire du Bellagio, à commencer par son superbe plafond *(p. 14)*. Le bar à caviar Petrossian est également un bon observatoire. 🚫 *Bellagio Hotel, 3600 Las Vegas Blvd. S • plan Q1-2.*

Fountains at Miracle Mile
Lorsque vous en avez assez de courir les magasins, reposez-vous près de la fontaine du Miracle Mile Shops, au Planet Hollywood, et observez les effets de lumières synchronisés avec la musique originale. 🚫 *Planet Hollywood, 3667 Las Vegas Blvd. S • plan Q2.*

Autour des tables de jeu
Les vedettes jouent dans les casinos les plus chic comme le MGM Grand, le Bellagio et le Caesars Palace, notamment entre 23 h et 1 h le week-end.

Mon Ami Gabi
Asseyez-vous à la terrasse de ce café, imprégnez-vous de l'ambiance, juste en face des jets d'eau du Bellagio. 🚫 *Paris Las Vegas Hotel, 3655 Las Vegas Blvd. S • plan Q2.*

Passerelles le long du Strip
En traversant le boulevard par ces ponts, on contemple en contrebas les passants et la circulation du Strip. 🚫 *Plan N-R2.*

Bodies... The Exhibition
Découvrez la beauté du corps humain. Cette exposition au Luxor *(p. 72)* illustre les merveilles de notre organisme. 🚫 *Luxor Hotel & Casino, 3900 Las Vegas Blvd. S • plan R1.*

Tournages de films
Les passionnés de cinéma peuvent appeler le 702 486 2727. On y apprend chaque jour où se déroulent les castings et les tournages.

Panneaux en fibre optique
Les écrans géants comme celui de l'hôtel MGM sont de plus en plus nombreux sur le Strip. Levez les yeux pour profiter du spectacle. 🚫 *MGM Grand Hotel, 3799 Las Vegas Blvd. S • plan R2.*

Troisième étage du Cosmopolitan
Asseyez-vous dans l'une des confortables chaises près de la table de billard et regardez les allées et venues des clients des restaurants. 🚫 *3708 Las Vegas Blvd. S • plan Q1-2.*

The Forum Shops at Caesars
Dans cette galerie, il y a toujours quelque chose à voir. Les cafés, bancs et sièges des machines à sous sont parfaits pour se faire spectateur *(p. 26-27)*. 🚫 *Caesars Palace, 3570 Las Vegas Blvd. S • plan P1-2*

Gauche **Lumières de Fremont Street Experience** Droite **Commerce de prêteur sur gages**

Downtown

e centre-ville de Las Vegas, Downtown, se situe au-dessus du Strip. Bien moins fastueux, c'est un assemblage de bâtiments administratifs, attractions de fête foraine, casinos ordinaires et magasins de souvenirs ou de prêteurs sur gages. Le cœur de ce quartier, bordé par les néons des casinos, est dédié à la vie nocturne et offre, depuis le milieu des années 1990, le fameux spectacle Fremont Street Experience. Cette zone est bien implantée, mais les grands efforts de revitalisation ont également attiré au centre-ville de Las Vegas des artistes et des entrepreneurs.

Gauche **Fremont Street Experience** Droite **Old Las Vegas Mormon Fort Historic Park**

🔟 À ne pas manquer

1. **Enseignes au néon du centre-ville**
2. **Fremont Street Experience**
3. **Casinos de Downtown**
4. **Vue depuis Stratosphere Tower**
5. **Old Las Vegas Mormon Fort Historic State Park**
6. **Prêteurs sur gages**
7. **Festivals de rue**
8. **Enseigne Vegas Vic**
9. **The Mob Museum**
10. **Plaza Hotel-Casino**

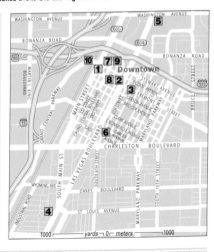

1 Enseignes au néon du centre-ville

Ce quartier est constitué d'environ 8 pâtés de maisons sur Fremont Street, entre Main Street et 4th Street. Ce tronçon abrite la plus forte concentration de néons de la planète. Aux

Stratosphere Tower

enseignes étincelantes des casinos s'ajoutent toutes sortes de panneaux et de lumières *(p. 82)*, créant un spectacle éblouissant. C'est bien sûr le soir que l'éclairage est le plus intense. Dans la rue piétonne, la foule vient encore dense bien après minuit, et les distractions contribuent à l'ambiance de carnaval *(p. 12-13)*.

2 Fremont Street Experience

Fremont Street Experience est recouvert d'un auvent illuminé de 1 500 pi (457 m). Des tyroliennes relient l'écran à une promenade piétonnière. L'endroit prend vie la nuit, notamment avec des spectacles de son et lumière *(p. 82)*. Des événements spéciaux ont lieu tout au long de l'année, comme la Saint-Patrick en mars, le défilé de la fierté en septembre et la parade des anciens combattants en novembre. *Fremont St. entre Main St. et 4th St. • plan K4.*

3 Casinos de Downtown

Outre les activités de plein air de Fremont Street, l'action ne manque pas à l'intérieur des casinos. Moins prestigieux que les grands hôtels du Strip, les clubs de Downtown sont chargés d'histoire – certains datent des années 1940 –

et réputés pour leurs repas bon marché.

4 Vue depuis Stratosphere Tower

Par temps clair, la vue depuis le haut de la tour porte sur une partie de l'Arizona et de la Californie. Grâce aux ascenseurs ultrarapides, on atteint en 40 s l'étage panoramique, vitré du sol au plafond et situé à 275 m d'altitude. Stratosphere Tower est très fréquentée la nuit tombée, car on peut alors observer les lumières hypnotiques du centre-ville et du Strip. Pour profiter d'une superbe vue, payez-vous un tour jusqu'au sommet. Le Big Shot est très populaire. *2000 Las Vegas Blvd. S à l'angle de Main St. • plan L-M3 • EG.*

5 Old Las Vegas Mormon Fort Historic State Park

En 1855, les mormons construisent le fort avec un comptoir commercial pour se défendre contre les Amérindiens (qui s'avèrent pacifiques). C'est le plus vieil édifice de ce style au Nevada, mais il ne subsiste de l'original qu'un petit bâtiment en pisé qui faisait autrefois partie de la zone à palissade. *500 Washington Ave. E • plan J5 • 702 486 3511 • ouv. lun.-ven. 8h-17h • EP.*

➡ *Autres renseignements sur le centre-ville p. 12-13*

Vue de nuit du centre-ville de Las Vegas

Prêteurs sur gages

De nombreux prêteurs sur gages parsèment le centre-ville, chacun d'eux offrant des bijoux, appareils électroniques et babioles de toutes sortes. Le plus connu d'entre eux est le Gold & Silver Pawn, qui apparaît dans la télé-réalité *Pawn Stars*. Des gens font souvent la file pour y entrer. Faites une halte au Toy Shack, sur Fremont Street, pour rencontrer le *toy guy* de *Pawn Stars* et jeter un coup d'œil à des jouets d'antan. ◈ *713 Las Vegas Blvd. S • plan K4.*

Festivals de rue

La croissance et la revitalisation du centre-ville ont donné naissance à plusieurs festivals de rue. Dans le quartier des arts, First Friday invite les gens à découvrir des galeries et rencontrer des artistes. Toutes les deux semaines, des camions hôteliers se rassemblent dans une ambiance ludique près d'El Cortez dans le cadre de Vegas Streats. ◈ *First Fri, throughout downtown • Vegas Streats, 600 Fremont St at El Cortez • plan K4.*

Le Nouvel An au centre-ville

Traditionnellement, les habitants fêtent la Saint-Sylvestre au centre-ville. Depuis la création de Fremont Street Experience, les festivités n'ont cessé de s'améliorer : concerts et autres spectacles, buffets et boissons, compte à rebours jusqu'à minuit, feux d'artifice et bals de rue, avec bien sûr, cotillons, pétards et serpentins. Cependant, contrairement à la plupart des manifestations de Fremont Street qui ont lieu tout au long de l'année, ces réjouissances ne sont pas gratuites.

Enseigne Vegas Vic

Cow-boy en néon de 16 m de haut, Vegas Vic est un survivant des premiers casinos. Autrefois animé, il fumait et saluait les visiteurs en disant : « Salut camarade, bienvenue à Las Vegas. » Vic est devenu un emblème de Las Vegas et sert toujours de toile de fond à des milliers de photos-souvenirs. ◈ *25 Fremont Street • plan K4.*

Mormon Fort

The Mob Museum

L'histoire de Las Vegas, marquée du sceau d'infamie de la mafia, est présentée au vieux palais de justice, l'un des bâtiments avec le plus d'histoire en ville. En plus de l'exposition consacrée à Las Vegas, le musée examine en détail le crime organisé par le biais d'objets et d'anecdotes réelles. Des armes, appareils d'écoute électronique et photos de scènes de crime des plus grands noms du crime organisé, comme Al Capone, Ben Siegel, Frank Rosenthal et Whitey Bulgar, sont exposés avec des récits d'initiés. L'exposition jette également un coup d'œil sur des mythes populaires associés à la mafia, réels ou fictifs, et raconte ce qui arrive lorsqu'une figure notable se retire, meurt ou intègre le programme de protection des témoins.
🔍 300 Stewart Ave. • plan J4.

Plaza Hotel & Casino

Bien que vu plusieurs fois au cinéma, cet établissement du centre-ville ne se distingue pas à première vue des autres casinos, mais il occupe un site historique. Construit dans les années 1970, il se dresse sur le lieu de naissance de Las Vegas, la première Union Pacific Railroad Depot Station. De la gare ne subsistent que des rails à l'arrière des bâtiments. Cet hôtel possède la seule salle de loto du centre-ville. Dotées de 10 000 $ de prix, les séances commencent toutes les deux heures de 11 h à 21 h. 🔍 1 Main St. à Fremont St.• plan J4.

Soirée à Downtown

En fin d'après-midi

🕑 En milieu ou en fin d'après-midi, faites un tour au **Mormon Fort** (p. 79). Prévoyez du temps pour cette visite si vous êtes amateur d'histoire.

Explorez ensuite l'histoire de Las Vegas avec une visite au **Neon Museum** (p.45) et au **Mob Museum**, qui sont tous deux tournés vers le passé. Assurez-vous d'avance que ces deux musées sont ouverts.

Gâtez-vous en dînant dans l'un des meilleurs restaurants du centre comme Vic & Anthony's au Golden Nugget Casino (129 Fremont St.), dans un décor élégant, ou au romantique Hugo's Cellar au Four Queens (202 Fremont St.).

Le soir

Flânez dans la zone piétonne de Fremont Street, regardez les gens survoler la rue en tyrolienne et écoutez des musiciens de rue. Si vous voulez jouer, essayez le casino de l'hôtel El Cortez (600 Fremont St.).

Passez devant le casino du **Plaza** et continuez jusqu'à Main Street Station. Prenez le plan indiquant les éléments les plus intéressants du bâtiment, comme les réverbères importés de Bruxelles et un morceau du mur de Berlin.

Retournez à **Fremont Street Experience** (p. 79) pour le son et lumière, puis terminez la soirée par la superbe vue du haut de **Stratosphere Tower** (p. 79).

Gauche **Fremont Street Experience** Droite **Musiciens de rue**

TOP 10 Restaurants et distractions bon marché

1 Fremont Street Experience

À la tombée de la nuit, les spectacles de son et lumière de Fremont Street donnent vie à l'auvent la recouvrant. Les spectacles, plus grands que nature, se déploient sur quatre pâtés de maisons. ◈ *Plan K4.*

2 In-N-Out Burger

La plus vieille chaîne de drive-in des États-Unis est l'endroit idéal pour ceux qui sont affamés et pressés. Parmi les mets secrets du menu se trouve un hamburger « animal style », composé d'une boulette de bœuf à la moutarde et d'oignons grillés. Les hamburgers « Protein style » sont servis avec un petit pain.
◈ *Plusieurs établissements à Las Vegas*

3 Cocktails de crevettes fraîches au Golden Gate

C'est depuis des années le plat sacrifié du Golden Gate qui en a vendu plus de 40 millions à ce jour, au prix de 2,99 $.
◈ *1 Fremont Street • plan K4.*

4 Regarder les passants

Grâce à l'atmosphère détendue qui règne au centre-ville, toutes sortes de gens intéressants y flânent. Levez les yeux pour voir des gens passer en tyrolienne.

5 Margaritas de Sam Boyd

Les connaisseurs jurent que ces margaritas à 99 cents, servies dans tous les bars des casinos, valent toutes celles qui se vendent ailleurs beaucoup plus cher.
◈ *Sam Boyd's Fremont Hotel and Casino, 200 Fremont Street • plan K4.*

6 Aloha Specialties

Plusieurs mets sont offerts à prix modique, particulièrement entre 9 h et 21 h. ◈ *California Hotel & Casino, 12 Ogden Ave. E • plan J4.*

7 Sourdough Cafe

Témoin d'une époque disparue, cette cafétéria sans prétention d'un casino de l'est de Las Vegas sert des œufs au jambon ou un steak pour 4,44 $, 24 h/24. ◈ *Arizona Charlie's Boulder Casino, 4575 Boulder Hwy. • plan E4.*

8 Artistes de rue

Une foule de musiciens, artistes et gens costumés se promènent sur Fremont Street. Assistez à leur spectacle gratuitement, mais donnez un peu d'argent si vous les prenez en photo.

9 Machines de vidéo poker à 1 cent

On ne trouve plus les machines à sous à 1 cent des premiers casinos que dans de rares établissements, comme le Four Queens. ◈ *Four Queens Hotel and Casino, 202 Fremont St. • plan K4.*

10 Machines à sous

Certains hôtels vous permettent d'essayer sans frais une machine à sous sur Fremont Street.

Gauche **Marchand ambulant** Centre **Bonanza Gift Shop** Droite **The Funk House**

⁑10 Faire des achats

1 Épicerie Resnick's
Cette épicerie urbaine dans le vent propose des produits écologiques et des aliments biologiques. ◈ *900 Las Vegas Blvd. S. • plan J5.*

2 The Funk House
Cette boutique vintage propose des trésors des 50's aux 70's : lampes, tableaux, affiches, bijoux, jouets... Parmi les curiosités, une voiture à pédales et un distributeur ancien de Coca-Cola. La boutique est toujours bondée, alors prenez votre temps pour trouver la perle rare. ◈ *1228 S Casino Center Blvd. • plan L3.*

3 The Attic Rag Co
Dans ce qui serait la plus grande friperie du monde, la jeunesse branchée fait du neuf avec du vieux. Même le bâtiment a un petit air rétro, ce qui ajoute au charme de l'expérience *(p. 91.)*. ◈ *1025 S Main Street • plan K3.*

4 Gambler's General Store
Cet immense magasin est consacré aux articles de jeu : tables de dés, roulettes, anciennes machines à sous et sabots de black-jack. ◈ *800 S Main Street • plan K3.*

5 Bonanza Gift Shop
Le stock de cet immense magasin est d'une diversité inimaginable *(p. 80)*. On y trouve tout ce qui peut constituer le souvenir d'un séjour dans la capitale mondiale du jeu. ◈ *2460 Las Vegas Blvd. S • plan M3.*

6 Las Vegas Premium Outlets
Les 100 boutiques de ce centre commercial vendent divers vêtements, objets pour la maison, cadeaux, bijoux et aliments. On y trouve des succurcales de Banana Republic, Coach, 7 For All Mankind, Burberry et Armani Exchange. ◈ *875 S Grand Central Parkway • plan K3.*

7 Red Rooster Antique Mall
Située dans le quartier des arts, cette coopérative se spécialise dans la vente d'objets de collection du XXe s. (accessoires des années 1950 et vêtements *vintage*). On y trouve de nombreux vendeurs indépendants. ◈ *1109 Western Ave. • plan L3.*

8 Bass Pro Shops
Les amoureux des grands espaces y trouveront leur bonheur, du matériel de chasse à l'équipement de golf, en passant par des pièces pour leur bateau. ◈ *Silverton Casino Hotel Lodge, 8200 Dean Martin Dr. • plan B6*

9 Gypsy Den
Boutique rétro et espace artistique au design intérieur inspirant. ◈ *213 Colorado Ave. E • plan L3.*

10 Marchands ambulants
Des stands proposent lunettes de soleil, moulins à vent, jouets, casquettes de base-ball et différents modèles de petites voitures. ◈ *Plan K4.*

Gauche **Las Vegas Speedway** Centre **Chinatown Plaza** Droite **Henderson Farmers Market**

Autour du centre

*S*i l'on s'éloigne un peu des artifices du centre-ville, Las Vegas présente un tout autre visage. Derrière les néons se cache une ville semblable aux autres villes américaines, avec plus de 500 églises, d'excellents foyers municipaux, des parcs et des terrains de jeux. Les centres médicaux mènent d'importantes recherches, et des spectacles culturels ont lieu presque tous les soirs. Las Vegas est également une ville en plein essor avec de nombreux quartiers ethniques.

Gauche **Jardin botanique de l'UNLV** Droite **Campus de l'UNLV**

À ne pas manquer

1. Chinatown Plaza
2. Broadacres Marketplace & Event Center
3. Campus de l'UNLV
4. Dig This
5. Ethel M. Chocolate Factory
6. Las Vegas Motor Speedway et Carroll Shelby Museum
7. Show in the Sky à Masquerade Village
8. Sunset Park
9. Marjorie Barrick Museum
10. Farmers Market

Chinatown Plaza

Toits en pagode, porte chinoise traditionnelle et statue du mythique moine Tripitaka entouré de ses compagnons – un cochon, un soldat et un singe : Chinatown Plaza marie plaisamment l'Orient et l'Occident. Les magasins sont spécialisés dans les produits américains et orientaux et dans les articles asiatiques de luxe. Des airs de musique chinoise flottent dans les allées couvertes et des œuvres d'art mettent en lumière les coutumes et traditions chinoises. Les restaurants asiatiques sont naturellement les meilleurs de la ville. ◈ *4255 Spring Mountain Rd.* • *plan B-C4.*

Broadacres Marketplace & Event Center

Ce lieu de troc réunit plus de 1 150 marchands qui vendent antiquités, jouets, artisanat, chaussures et appareils électroniques. N'hésitez pas à marchander pour obtenir un meilleur prix. Les weekends, des groupes jouent de la musique en direct sur une grande scène. De nombreux kiosques offrent de quoi casser la croûte. ◈ *2390 Las Vegas Blvd. N* • *plan D2.*

Campus de l'University of Nevada Las Vegas (UNLV)

Le campus de l'université du Nevada à Las Vegas, fondée en 1957, est l'un des lieux de promenade favoris des habitants. Les bâtiments de l'université sont quelconques, mais le parc est arboré et ombragé et, en début de soirée, les sentiers sont peu fréquentés pour le bonheur de tous. On y trouve également un charmant jardin de cactées. Les jours d'été sont beaucoup plus chauds que les journées d'hiver, mais le site y est moins bondé. ◈ *S Maryland Parkway* • *plan Q4.*

Dig This

Pour ceux qui ont toujours voulu savoir à quoi ressemble une journée de travail sur un chantier, la machinerie lourde de Dig This vous permet de trouver réponse à vos questions. Choisissez un bulldozer ou une excavatrice, assistez à une séance d'orientation et participez à une activité où vous devez faire une butte de terre, empiler des pneus ou creuser une tranchée. Réservez votre place pour vous assurer de pouvoir manipuler un gros jouet. Les participants doivent être âgés d'au moins 14 ans et mesurer au moins 4 pi (122 cm). ◈ *3012 Rancho Dr* • *plan N1*

Chinatown Plaza

Casinos de quartier

Bien que Las Vegas soit depuis quelques décennies une ville tentaculaire, dotée de centres commerciaux et de divers quartiers d'affaires, la majorité des casinos et hôtels était concentrée dans 2 secteurs : à Downtown et le long du Strip. L'explosion démographique des années 1980 a suscité la construction de nombreux établissements de quartier. Les joueurs qui ne craignent pas de s'éloigner des néons sont agréablement surpris d'y trouver une atmosphère chaleureuse et un cadre charmant *(p. 88)*.

5 Ethel M Chocolate Factory

Lors de la visite gratuite de cette chocolaterie, on découvre les cuisines vitrées immaculées, où les confiseurs concoctent minutieusement leurs créations, mais aussi le fonctionnement des grosses machines en Inox, avant d'admirer les friandises, enveloppées dans des papiers multicolores. Un chocolat est offert à chacun à la fin du circuit. Devant la fabrique, un beau jardin de cactées renferme des plantes clairement identifiées.
ⓢ *2 Cactus Garden Drive, Henderson • plan E5 • ouv. t.l.j. 8h30-18h • EG.*

Ethel M. Chocolate Factory

Sunset Park

6 Las Vegas Motor Speedway et Carroll Shelby Museum

Ce circuit de 142 000 places est la première grande piste de course automobile du Sud-Ouest américain depuis ces trente dernières années. D'une superficie de plus de 600 ha, il renferme 14 circuits, des restaurants, une chapelle nuptiale dont les vitraux évoquent le thème des courses, trois étages de tribunes en plein air, des salles de réception VIP et 102 luxueuses loges avec balcon au dernier étage. D'importantes courses ont lieu sur ce site, notamment les NASCAR et NHRA events. Un musée est consacré au pilote Carroll Shelby et à ses splendides voitures. ⓢ *7000 Las Vegas Blvd. N • 702 644 4444 • tél. pour les horaires d'ouv. et les vis. guid.*

7 Show in the Sky à Masquerade Village

Avec ses jardinières et ses balcons, l'architecture du complexe est inspirée d'un village idyllique de pêcheurs d'Italie du Nord. Le *Show in the Sky* met en scène 4 chars somptueux, qui suivent une piste suspendue au-dessus de l'enceinte du village et depuis lesquels des artistes costumés jettent des babioles sur le public. ⓢ *Rio All-Suite Hotel & Casino, 3700 W Flamingo Rd. • plan P1 • 889 396 2483 • jeu.-dim. spectacle toutes les heures de 18h à 23h • EP pour les chars.*

Sunset Park

Ce parc, très apprécié, permet de pratiquer basket-ball, tennis, jogging *(p. 61)* et natation dans la piscine, de faire de la voile et de pique-niquer dans un cadre idéal. Il y a aussi un parc à chiens bien tenu, populaire auprès des gens du coin. ◎ *2601 E Sunset Rd. • plan D5.*

Marjorie Barrick Museum

Ce musée est consacré aux animaux du désert, aux reptiles et aux insectes du Sud-Ouest, ainsi qu'aux arts. Il abrite aussi des objets relatifs à l'anthropologie, à l'archéologie et à l'architecture locales. ◎ *UNLV campus • plan Q4 • 702 895 3381 • ouv. mar., mer., ven. 10h-18h; jeu. 10h-20h; sam., dim. 10h-16h • EG, dons bienvenus.*

Farmers Market

Ce marché en plein air s'agrandit chaque saison. Les artisans y proposent porcelaines, poupées de chiffons ou jeux d'échecs, et les fermiers des vallées californiennes viennent y vendre leurs produits. L'été, ils sont rejoints par les cultivateurs du Nevada. ◎ *240 Water St. (jeu.), S. Green Valley Pkwy (ven.) • 702 579 9661 • ouv. jeu. 9h-16h, ven., 10h-16h.*

Masquerade Village Show in the Sky

Deux excursions autour du centre

Le matin

🕐 Commencez par une balade matinale sur le campus de l'UNLV avec un arrêt au **Marjorie Barrick Museum**.

Traversez en voiture la Green Valley en direction de **Town Square Las Vegas** *(p. 66)*, où se trouvent des attractions destinées aux enfants. Faites une tournée des boutiques pendant que vous y êtes. Continuez vers **Ethel M Chocolate Factory** pour la visite gratuite et profitez-en pour vous promener dans le jardin de cactées. Achetez du chocolat en souvenir.

🖊 Avant de manger, visitez les boutiques éclectiques et observez la faune du **Broadacres Marketplace**, puis faites une halte à la Chinatown Plaza pour une bouchée à saveur asiatique.

L'après-midi

Commencez par le **Nevada State Museum et Société historique** *(p. 85)* pour en apprendre davantage sur le Silver State. Si vous êtes amateur de course automobile, continuez par **Las Vegas Speedway**.

🏎 Si vous rêvez de manipuler de la machinerie lourde, rendez-vous à Dig This pour une expérience hors de l'ordinaire. S'il vous reste de l'énergie, le Sunset Park est l'endroit idéal où faire un peu de course ou prendre une pause. Ou encore, allez jouer au disque-golf, ou faites une randonnée ou du vélo dans le coin *(p. 60-61)*. En soirée, visitez un « casino local » loin du Strip pour vivre quelque chose de différent.

Gauche **J.W. Marriott Las Vegas, housing Rampart Casino** Centre **Sunset Station** Droite **Texas Station**

🔟 Casinos

1 Rio All-Suite Hotel & Casino
Le Rio offre plus de machines de vidéo poker que ses concurrents et l'ambiance chaleureuse d'un casino fréquenté par une fidèle clientèle locale *(p. 36)*. ✪ *3700 W Flamingo Rd.* • *plan C4* • *888 396 2483.*

2 Rampart Casino
L'ambiance de jeu de ce casino chic et décontracté est intime, loin des établissements bondés du Strip *(p. 36)*. ✪ *221 N Rampart Blvd.* • *plan A3* • *702 869 7777.*

3 Santa Fe Station
Cette salle de jeu de taille moyenne est principalement fréquentée par les habitants. C'est l'un des casinos excentrés les plus agréables *(p. 36)*. ✪ *4949 N Rancho Drive* • *plan A1* • *800 678 2846.*

4 Green Valley Ranch Resort
Inspiré des grands casinos européens, il abrite plus de 2 000 machines à sous et 55 tables de jeu. ✪ *2300 Paseo Verde Pkwy., Henderson* • *702 617 7777*

5 Fiesta Rancho
Ambiance de fête avec des serveuses vêtues de satin aux couleurs éclatantes et des tapis aux motifs gais *(p. 37)*. ✪ *2400 N Rancho Drive* • *plan B2* • *702 631 7000.*

6 Texas Station
Roues de chariot et barils de poudre à canon évoquent une ville du XIXe s. dans l'État du Texas. ✪ *2101 N Rancho Dr.* • *plan B2* • *702 631 1000.*

7 Sunset Station
Dédié à la Méditerranée, ce casino aux balcons en fer forgé bénéficie d'un éclairage naturel très agréable. ✪ *1301 W Sunset Rd., Henderson* • *plan F6* • *702 547 7777.*

8 Sam's Town
L'un des plus grands casinos excentrés avec des milliers de machines à sous, de vidéo poker et de keno. ✪ *5111 Boulder Hwy., Las Vegas* • *plan E4* • *702 456 7777.*

9 The Orleans
Une ambiance de carnaval règne dans ce casino inspiré du Vieux Carré de La Nouvelle-Orléans. ✪ *4500 W Tropicana Ave.* • *plan B4* • *702 365 7111.*

10 Arizona Charlie's
Avec ses lustres en ramure de cerf, ce lieu évoque un ranch. On y joue notamment au Pai gow poker et au Royal Match 21. ✪ *740 S Decatur Blvd.* • *plan B3* • *702 258 5200.*

Autres hôtels et casinos à Las Vegas p. 32-37

Catégories de prix

Prix par nuit pour une	**$** moins de 50 $
chambre double avec	**$$** 50 $-100 $
petit déjeuner (s'il	**$$$** 100 $-150 $
est inclus), taxes	**$$$$** 150 $-200 $
et service compris.	**$$$$$** plus de 200 $

Gauche **Polo Towers** Droite **Rio All-Suite Hotel & Casino**

ⓉⓄⓅ10 Hôtels et motels

J.W. Marriott Las Vegas
Les terrains de ce complexe regorgent de piscines et d'arbres. Les clients profitent de terrains de golf haut de gamme, d'une station thermale apaisante et de superbes restaurants, dont le Spiedini de Gustav Mauler. ◈ *221 N Rampart Blvd.* • *plan A3* • *702 869 7777* • *$$$$.*

Rumor
Résolument moderne, le Rumor est l'un des rares hôtels-boutiques de Las Vegas. Les animaux y sont admis. ◈ *455 E. Harmon Ave* • *plan Q3* • *702 369 5400* • *$$.*

Polo Towers
Dans cette résidence, les appartements se louent à la journée en l'absence des propriétaires. ◈ *3745 Las Vegas Blvd. S* • *plan Q2* • *800 935 2233* • *$$$.*

Rio All-Suite Hotel & Casino
Parfait pour ceux qui veulent séjourner dans un complexe hôtelier à l'écart de la foule du Strip *(p. 33).* ◈ *3700 W Flamingo Rd. W* • *plan P1* • *888 396 2483* • *$$$.*

Palms Casino Resort
Le Palms offre de superbes vues sur Las Vegas. La suite Hardwood est extrêmement populaire. ◈ *4321 W Flamingo Rd.* • *plan B4* • *702 942 7777* • *$$$.*

Artisan
Cette propriété sans jeux se démarque par ses nombreuses œuvres d'art. ◈ *1501 Sahara Ave W.* • *plan M2* • *702 214 4000* • *$$$$$.*

The Orleans
L'architecture de cet hôtel s'inspire du style du Vieux Carré français de La Nouvelle-Orléans, avec fenêtres à volets et balcons en fer forgé. ◈ *4500 W Tropicana Ave.* • *plan B4* • *702 365 7111* • *$$.*

Sunset Station
Profitez des atouts de la ville dans un complexe éloigné du Strip : achats à la Galleria *(p. 52),* golf et casino. ◈ *1301 W Sunset Rd., Henderson* • *plan F6* • *702 547 7777* • *$$.*

M Resort
À 16 km du Strip, ce luxueux complexe de 390 chambres offre une vue sublime de Las Vegas Valley. Le Spa et les restaurants sont fastueux *(p. 37).*

Le Santa Fe
Santa Fe séduit les amateurs de vacances actives avec ses 60 allées de quilles et ses cours de danse de groupe. Il est possible de souscrire à des forfaits golf. ◈ *4949 N Rancho Drive* • *plan A1* • *800 678 2846* • *$$.*

Remarque ? *tous les hôtels indiqués acceptent les cartes de paiement, et toutes les chambres disposent d'une salle de bains et sont climatisées.*

Catégories de prix

Pour un repas avec entrée, plat, dessert et une demi-bouteille de vin (ou repas équivalent), taxes et service compris.

$	moins de 20 $
$$	20 $ - 30 $
$$$	30 $ - 45 $
$$$$	45 $ - 60 $
$$$$$	plus de 60 $

Gauche **Wienerschnitzel** Centre **Hard Rock Café**

TOP10 Restaurants familiaux

1 Fatburger
Ce restaurant sert les meilleurs hamburgers-frites maison de la ville. Le décor de style années 1950 est agrémenté d'un vieux jukebox au charme suranné. ◉ *3763 Las Vegas Blvd. S • plan R2 • 702 736 4733 • $.*

2 Hard Rock Café
Énormes club sandwichs bacon-laitue-tomate, excellents hamburgers et tourtes aux pommes fraîches. ◉ *3771 Las Vegas Blvd. S • plan Q2 • 702 733 7625 • $$.*

3 Original Pancake House
Portions copieuses pour des crêpes divines aux innombrables variétés : myrtille, pomme, crêpes allemandes de la taille de l'assiette et crêpes au babeurre de la taille d'une pièce de monnaie.
◉ *4833 W Charleston Blvd. • plan B3 • 702 259 7755 • $.*

4 Omelet House
Les portions servies aux moins de 10 ans pour le petit déjeuner sont suffisamment copieuses pour satisfaire un appétit d'adulte. ◉ *2160 W Charleston Blvd. • plan L2 • 702 384 6868 • $.*

5 Wienerschnitzel
Ce drive-in propose des hot-dogs à la moutarde et aux pickles. ◉ *4680 E Flamingo Rd. • plan E4 • 702 362 0418 • $.*

6 Romano's Macaroni Grill
Bruschetta avec un choix de garnitures, mozzarella frite, panini italiens et pâtes appétissantes.
◉ *2400 W Sahara Ave. • plan Q3 • 702 248 9500 • $$.*

7 Lotus of Siam
Restaurant thaï décontracté reconnu pour son pad thaï et son excellent service. ◉ *953 E Sahara Ave. • plan M4 • 702 735 3033 • $$.*

8 BJ's Restaurant & Brewhouse
Grand choix de salades, sandwichs et plats complets. Les spéciaux du midi sont excellents.◉ *10840 W Charleston Ave. • 702 853 2300 • $.*

9 Mimi's Café
Mets réconfortants servis dans une atmosphère chaleureuse. Les mets sont copieux. ◉ *6790 N Durango Dr. • 702 645 3688 • $$.*

10 Buca di Beppo
Une cuisine italienne familiale, accompagnée de vins corsés. Idéal pour le soir.
◉ *412 E Flamingo Rd. • plan Q3 • 702 866 2867 • $$.*

Autres buffets et brunchs p. 48-49

Gauche **Fantastic Indoor Swap Meet** Droite **Chinatown Plaza**

🔟 Faire des achats

Chinatown Plaza
Ce centre commercial s'adresse aussi bien à l'importante communauté asiatique de la ville qu'aux nombreux visiteurs venus du monde entier. En période de fête (p. 58), les comptoirs croulent sous les gâteaux et les friandises des grands jours (p. 85).

The Attic
The Attic est la plus grande friperie du monde : toques et diamants fantaisie des années 1940, smokings des années 1960, minishorts et lunettes pailletées des années 1950 : il y en a pour tous les goûts. ◈ 1025 S Main St. • plan K3 • www.atticvintage.com

Antique Mall of America
Plus de 100 boutiques proposent de tout : meubles anciens, bijoux, antiquités... ◈ 9151 Las Vegas Blvd. S

Las Vegas Premium Outlets
C'est un fabuleux magasin d'usine pour les amateurs de luxe à bas prix (p. 53). ◈ 7400 Las Vegas Blvd. S • plan C6.

Fantastic Indoor Swap Meet
Cet équivalent américain du marché aux puces européen propose ustensiles de cuisine d'époque, chaînes de pneus, chaises dépareillées, vaisselle et verrerie, etc. Pour ceux qui aiment chiner. ◈ 1717 S Decatur Blvd. • plan B3 • ouv. ven-dim.

Cost Plus World Market
Beaux articles importés du monde entier : vaisselle, meubles, alimentation et objets d'art. ◈ 2151 N Rainbow Blvd. • plan A2.

Sheplers
Les cow-boys du Nevada y achètent leurs cravates ficelles, bottes, canadiennes, gros ceinturons et chapeaux. ◈ 4700 W Sahara Ave. • plan B3.

Total Wine
Immense boutique proposant 8 000 vins, 3 000 spiritueux et 2 500 bières. Le personnel s'y connaît. ◈ 730 Rampart Blvd.

Bell, Book & Candle
Leçons de sorcellerie, talismans, boules de cristal, tarots et autre matériel de divination. ◈ 1725 E Charleston Blvd. • plan D3.

Susie's Deals
La sélection très large et les prix raisonnables rendent cette boutique accessible à tous. ◈ 1159 E Twain Ave. • plan P4.

Autres magasins p. 52-55, p. 83 et p. 116

Gauche **Hoover Dam** Centre **Boulder City/Hoover Dam Museum** Droite **Croisière sur le Lake Mead**

Lake Mead, Hoover Dam et Laughlin

Le barrage Hoover a réellement changé le visage de l'Ouest américain. Il a permis de produire de grandes quantités d'énergie électrique et de contrôler les inondations, mais il fournit aussi de l'eau à des villes et fermes partout dans le Sud-Ouest des États-Unis et au Mexique. Il a contribué à l'essor d'autres sites du Nevada – Lake Mead, Boulder City et la ville de Laughlin – qui ont injecté des milliards de dollars dans l'économie de l'État et généré des équipements de loisirs pour des centaines de millions de visiteurs.

Gauche **Vue depuis Hoover Dam Visitor Center** Droite **Lake Mead**

🔟 À ne pas manquer

1. Visite du Hoover Dam
2. Quartier historique de Boulder City
3. Boulder City/Hoover Dam Museum
4. Lake Mead National Recreation Area
5. Marinas et plages du Lake Mead
6. Casino Row à Laughlin
7. Lake Mohave
8. Pétroglyphes près de Laughlin
9. Oatman, Arizona
10. Avi Resort and Casino

Visite du Hoover Dam

Visite du Hoover Dam

Commencez par visiter le centre d'accueil de trois étages, perché sur la paroi du Canyon du Nevada. À partir de cet endroit, des guides proposent différentes visites de la centrale hydroélectrique et du barrage. Profitez des présentations audio, films, expositions et autres médias, qui racontent l'histoire de la formation du fleuve Colorado, et découvrez les secrets de la distribution d'eau et de la production d'énergie hydroélectrique. Admirez la vue depuis le haut du bâtiment, avec le lac Mead en toile de fond et le fleuve Colorado en contrebas *(p. 10)*. ✎ *Visitor Center, Hoover Dam • 702 494 2517 • réservations vis. guid. : 866 730 9097.*

Quartier historique de Boulder City

Pour apprécier l'étendue des travaux entrepris, il est intéressant de compléter la visite du barrage Hoover par celle de Boulder City, ville bâtie à la seule fin d'héberger les ouvriers employés à la construction du site. Les édifices les plus imposants sont le Bureau of Reclamation et le Bureau of Light headquarter buildings, le Municipal Building et le Boulder Dam Hotel. Mais les principales constructions sont les maisons à 2 ou 3 pièces destinées aux ouvriers *(p. 11)*. ✎ *Renseignements au Hoover Dam Museum • Hwy 93 at Lakeshore Rd • 702 294 1988.*

Boulder City/ Hoover Dam Museum

Ce musée est installé dans le Boulder Dam Hotel, construit en 1933 dans le style colonial hollandais. L'acteur Boris Karloff et d'autres stars y séjournèrent au temps de sa gloire. Le prince héritier Olav et la princesse Martha de Norvège y organisèrent une réception en 1939. Situé en dehors de la ville, l'établissement déclina après la guerre, quand Las Vegas connut un essor touristique, mais un groupe de bénévoles entreprit de le réhabiliter dans les années 1990. Le musée abrite des souvenirs des années 1930 *(p. 11)*. ✎ *1305 Arizona St., Boulder City • 702 294 1988 • ouv. lun.-sam. 10h-17h • EP.*

Lake Mead National Recreation Area

Après l'achèvement du barrage Hoover en 1935, les eaux du Colorado ont comblé les canyons qui surplombaient le fleuve, créant un immense réservoir. Avec ses 1 120 km de rives, ce lac est au cœur de la vaste zone de loisirs du Lake Mead, qui couvre 600 000 ha. ✎ *Renseignements à l'Alan Bible Visitor Center • 601 Nevada Way, Boulder City • www.nps.gov/lake• 702 293 8990.*

Quartier historique de Boulder City

➜ *Autres renseignements sur le Hoover Dam p. 10-11*

L'histoire de Laughlin

En 1966, la même semaine que l'inauguration du Caesars Palace à Las Vegas, Don Laughlin, receveur des postes, ouvrait sur les rives du Colorado son bar-motel de 4 chambres, doté d'une douzaine de machines à sous. La ville, qui porte son nom depuis 1977, est aujourd'hui la troisième ville la plus fréquentée par les joueurs au Nevada, après Las Vegas et Reno.

Casino Row, Laughlin

Marinas et plages du Lake Mead

Petites criques, longues étendues de sable et marinas s'égrènent sur les rives changeantes du lac. Le village de VR du lac Mead, l'Echo Bay, la plage Boulder Beach, la marina du lac Mead et le bar Temple sont des destinations populaires. On trouve des branchements pour camping-car. Les amateurs de house-boats apprécient les criques Boxcar et Icebox. Les marinas de Calville Bay, Las Vegas Boat Harbor et du Lake Mead sont proches du Hoover Dam, celle de Temple Bar se situe au sud-est du lac. ◈ *Renseignements au Alan Bible Visitor Center • 702 293 8990.*

Casino Row à Laughlin

Moins luxueux que ceux du Strip, les casinos qui se succèdent sur South Casino Drive à Laughlin offrent un excellent rapport qualité/prix. La circulation est plus facile qu'à Las Vegas : la plupart des établissements sont reliés par une promenade au bord du fleuve, par autobus et par bateau-navette. Des balades sont organisées sur le Colorado. ◈ *145 km au S de Las Vegas. • www.visitlaughlin.com*

Lake Mohave

Ce lac de 107 km de long, qui s'étend du sud du Hoover Dam jusqu'à 3,5 km au nord de Laughlin, ne mesure que 6,5 km dans sa partie la plus large. Le National Park Service Visitor Center à Katherine Landing, au nord de Laughlin, organise des randonnées gratuites, guidées par les gardiens du parc national, qui vont jusqu'aux pétroglyphes de Grapevine Canyon en traversant le désert. Location de house-boat, de ponton et de matériel de pêche à Katherine Landing, Willow Beach Marina et Cottonwood Cove. Des bars rayés d'une taille record ont été pêchés dans le Lake Mohave. ◈ *À l'intérieur du Lake Mead National Recreation Area • www.nps.gov/lake • EP pour le parc.*

Pétroglyphes près de Laughlin

Christmas Tree Pass et Grapevine Canyon, tous deux situés sur la Highway 163 à l'ouest de Laughlin, sont les meilleurs sites pour voir les pétroglyphes, gravés jadis

Echo Bay, Lake Mead

sur les falaises à pic des canyons par les Amérindiens du groupe Patayan. Les dessins au trait et les symboles servaient peut-être d'indications pour orienter les chasseurs et les pêcheurs. Le personnel du National Park Service a localisé plus de 150 camps patayan, entre Davis Dam et Willow Beach, à 16 km de la base du Hoover Dam. ◈ À l'intérieur du Lake Mead National Recreation Area • www.nps.gov/lake • EP pour le parc.

Pétroglyphes près de Laughlin

Oatman, Arizona

Il y a un siècle, Oatman possédait une mine d'or florissante. Les ânes qui errent dans les rues et les bagarres de western reconstituées en pleine ville rendent aujourd'hui hommage aux jours anciens du Far West. C'est à l'Oatman Hotel que Clark Gable et Carole Lombard passèrent leur lune de miel en 1939. De nombreux films, comme La Conquête de l'Ouest, ont été tournés dans la ville. ◈ Renseignements au 928 768 6222.

Avi Resort and Casino

En 1995, la tribu indienne de Fort Mojave a ouvert le premier casino du Nevada appartenant aux Amérindiens. C'est la seule salle de jeu des États-Unis détenue par des Amérindiens et gérée selon les règlements de l'État. Son nom, « Avi », signifie argent ou menue monnaie. Le complexe est situé dans une zone que la tribu envisage de développer (p. 97).

Deux jours au Hoover Dam et à Laughlin

Premier jour

Après un café matinal au Railroad Pass Casino, vieille maison de jeu sur la Highway 93, rejoignez l'historique **Boulder City** et le **Hoover Dam** (p. 93) pour l'étonnante visite guidée.

Au carrefour de la Highway 95, bifurquez au sud vers Laughlin. Déjeunez au **Nugget**, à Searchlight (p. 96), casino typique des petites villes du Nevada.

Pour plus d'originalité, quittez la Highway 95 et suivez vers l'est la piste qui franchit le col de Christmas Tree Pass. Terminez la journée à **Laughlin**, ou dénichez les bonnes affaires des 50 boutiques de l'Outlet Center.

Passez la nuit à **Harrah's** (p. 97) ou dans un autre hôtel au bord du fleuve pour faire une balade nocturne le long du riverwalk.

Deuxième jour

Tôt le matin suivant, les golfeurs peuvent partir de l'un des six tertres de championnat et jouer dans trois États (Nevada, Arizona et Californie).

Allez ensuite à **Oatman**, en Arizona, vieille ville de western à une demi-heure de route au sud-est de Bullhead. L'après-midi, revenez vers le **lake Mohave** au nord. Ne manquez pas les mystérieux **pétroglyphes** de Grapevine Canyon, près de la Highway 163.

Visiter la région – Lake Mead, Hoover Dam et Laughlin

Catégories de prix
Pour un repas avec entrée, **$** moins de 20 $
plat, dessert et une demi- **$$** 20 $-30 $
bouteille de vin (ou repas **$$$** 30 $-45 $
équivalent), taxes et **$$$$** 45 $-60 $
service compris. **$$$$$** plus de 60 $

Gauche **Nugget Restaurant** Droite **Boulder Dam Brewing Company, Boulder City**

🔟 Restaurants

1 Boulder Dam Brewing Company, Boulder City
Des bières fraîchement brassées accompagnent les plats savoureux. Des objets datant de la construction du barrage ornent les murs. Jardin très agréable. 🅂 *453 Nevada Hwy.* • *702 243 2739* • *$.*

2 Toto's Mexican Restaurant, Boulder City
Cette chaîne appréciée sert de très bons classiques mexicains : *burritos, tacos, enchiladas…* 🅂 *806 Buchanan Blvd.* • *702 293 1744* • *$.*

3 Nugget Restaurant, Searchlight
Spécialité de muffin de maïs géant garni de saucisse, œufs brouillés et sauce. Le lieu est orné d'une peinture murale du *Searchlight*, un bateau fluvial des années 1880. 🅂 *100 Hwy. 95* • *702 297 1201* • *$.*

4 The Steakhouse, Laughlin
Semblable au wagon-salon d'un train victorien, l'ambiance de ce restaurant est romantique et intime, alors que le menu est contemporain. 🅂 *Tropicana Express Hotel & Casino, 2121 S Casino Dr.* • *888 888 8695* • *$$$.*

5 The Lodge Laughlin
De délicieux mets américains sont servis dans une vaste salle à manger, au coin du feu. 🅂 *River Palms Resort Casino, 2700 S Casino Dr.* • *800 835 7903* • *$$.*

The Steakhouse, Laughlin

6 Fresh Market Square Buffet, Harrah's, Laughlin
Les onze stations culinaires aux thèmes variés proposent notamment des mets mexicains, italiens et américains, des sushis et des fruits de mer. 🅂 *2900 S Casino Dr.* • *702 298 4600* • *$$.*

7 H2OH! Laughlin
Dégustez un repas avec vue sur le fleuve Colorado. Des pizzas gastronomiques et des repas légers sont servis le soir, du jeudi au lundi. 🅂 *Aquarius Casino Resort, 1900 S Casino Dr.* • *702 298 5111* • *$.*

8 Milo's cellar, Boulder City
Ce bar à vin offre le choix entre plusieurs centaines de crus et plus de 50 bières. Il sert soupes, salades, sandwichs, des plateaux de fromage et des desserts, en salle comme en terrasse. 🅂 *538 Nevada Hwy.* • *702 293 9540* • *$.*

9 Joe's Crab Shack, Laughlin
Ce restaurant de fruits de mer a une salle à manger intérieure à l'atmosphère décontractée et une terrasse sur un patio couvert. 🅂 *Golden Nugget, 2300 S Casino Dr.* • *702 298 7143* • *$$.*

10 The Prime Rib Room, Laughlin
Les côtes de bœuf préparées à la table sont la spécialité. Des mets de poulet et poisson sont également offerts. 🅂 *Riverside Casino, 1650 S Casino Dr.* • *702 298 2535* • *$.*

Gauche **Harrah's, Laughlin** Droite **Golden Nugget, Laughlin**

⑩ Hôtels et casinos

1 Harrah's, Laughlin

Cet hôtel de style espagnol, réputé pour son ambiance, possède une plage de sable privée, un casino au bord du fleuve et 5 restaurants. ✆ 2900 S Casino Dr. • 702 298 4600 • www.harrahslaughlin.com • $.

2 Golden Nugget, Laughlin

Cet hôtel se distingue par son atrium tropical avec cascades, palmiers et 300 espèces de plantes exotiques. Le club de machines à sous « 24 Karat Slot Club » est avantageux. ✆ 2300 S Casino Dr. • 702 298 7111 • $$.

3 Don Laughlin's Resort, Laughlin

Complexe très complet, avec branchements pour les camping-cars, expositions de voitures et collection de machines à sous anciennes. ✆ 1650 S Casino Dr. • 702 298 2535 • $.

4 Aquarius Casino Resort, Laughlin

Cet hôtel met à disposition une grande piscine surplombant le fleuve et les collines, 3 courts de tennis, une chapelle nuptiale et le *Celebration*, le plus grand bateau de loisirs de Laughlin. ✆ 1900 S Casino Dr. • 702 298 5111 • $.

5 Colorado Belle, Laughlin

Cet hôtel-casino occupe la réplique d'un bateau à aubes au bord du Colorado. Il abrite la seule micro-brasserie de Laughlin, le Pints Brewery. Des événements spéciaux et spectacles y ont souvent lieu. ✆ 2010 S Casino Dr. • 702 298 4000 • www.coloradobelle.com • $.

6 Avi Resort and Casino, Laughlin

Propriété des Amérindiens *(p. 95)*, ce complexe offre une grande plage de sable au bord du fleuve, une salle de jeux vidéo, une piscine et 29 suites avec Spa. ✆ 10 000 Aha Macav Parkw. • 702 535 5555 • $.

7 Hoover Dam Inn, Lake Mead

Ce motel de 70 chambres offre une belle vue sur le lac Mead. ✆ 110 Ville Dr. • 702 293 6444 • $$.

8 El Rancho Boulder Motel, Boulder City

Certaines chambres de ce motel de style espagnol, situé dans la rue principale, sont dotées d'une cuisine. ✆ 725 Nevada Hwy. • 702 293 1085 • www.elranchoboulder.com • $$.

9 Calville Bay, Lake Mead

Ce camping propose des douches, des toilettes, un restaurant, un salon-bar et du carburant. Il n'accepte pas les réservations. ✆ Près de la rive nord de Boulder Basin • 702 565 8958 • $.

10 Seven Crown Resorts, Lake Mohave

On peut louer des house-boats parfaitement équipés. Il suffit d'apporter sa nourriture et ses vêtements. ✆ 2690 E. Katherine Spur Rd. Bullhead City • 800 752 9669 • $$$$$.

Remarque : *tous les hôtels indiqués acceptent les cartes de paiement et toutes les chambres disposent d'une salle de bains et sont climatisées.*

Gauche **Pétroglyphes, Valley of Fire** Centre **Death Valley** Droite **Scotty's Castle, Death Valley**

Parcs et réserves

À moins d'une heure des artifices du Strip, le Nevada abrite des merveilles naturelles spectaculaires et des splendeurs géologiques. Red Rock Canyon (p. 24-25) est le site le plus proche de Las Vegas. Zion National Park abrite de grandioses formations rocheuses, et Death Valley, l'endroit le plus chaud d'Amérique du Nord est, à 85 m sous le niveau de la mer, le point le plus bas du continent américain. La plus célèbre de ces curiosités est incontestablement le Grand Canyon, aux dimensions pharaoniques. Outre les magnifiques paysages, chaque région possède également une flore et une faune spécifiques, composées d'espèces endémiques.

À ne pas manquer

1. Petroglyph Canyon, Valley of Fire
2. Lost City Museum of Archeology, Overton
3. Kolob Canyons, Zion National Park
4. Zion Canyon
5. Bright Angel Point, North Rim, Grand Canyon
6. Yavapai Geology Museum, South Rim, Grand Canyon
7. Watch tower, Grand Canyon
8. Scotty's Castle, Death Valley
9. Aguereberry Point, Death Valley
10. Dante's View, Death Valley

Zion Lodge, Zion Canyon

Autres renseignements sur le Grand Canyon p. 16-19

Gauche **Petroglyph Canyon** Droite **Canyon Lodge, North Rim, Grand Canyon**

Petroglyph Canyon, Valley of Fire

Ce canyon est très fréquenté, car il renferme une grande concentration des pétroglyphes du parc. Ces symboles préhistoriques ont été gravés par les Amérindiens de Lost City, et leur signification reste incertaine : étaient-ce des indications routières de l'époque ou avaient-ils un sens religieux ou mystique ? Au bord des sentiers, des panneaux signalent les éléments les plus intéressants. Le sentier se rend à Mouse's Tank. ☜ *Plan U2 • 702 397 2088 • EP pour le parc.*

Lost City Museum of Archeology, Overton

Des objets sauvés de Pueblo Grande de Nevada – actuel Lost City – avant que le village ne soit submergé par le Lake Mead sont exposés dans ce musée. On y voit aussi un village historique reconstitué, des armes de chasse et des céramiques *(p. 10-11)*. ☜ *721 S Moapa Valley Blvd., Overton • plan U2 • 702 397 2193 • ouv. jeu.-dim. 8h30-16h30 • EP.*

Kolob Canyons, Zion National Park

La portion des Kolob Canyons offre des points de vue sur des canyons escarpés et compte également l'accès le plus près de la Kolob Arch, possiblement la plus grande arche autoportante au monde. ☜ *Plan U1 • renseignements au Kolob Canyon Visitor Center • 435 772 3256.*

Zion Canyon

Des navettes empruntent la pittoresque route menant au Temple de Sinawava (fermée aux véhicules privés d'avril à octobre). La Court of the Patriarchs, le Streaked Wall et la rivière Virgin sont particulièrement intéressants. La Zion-Mt Carmel Highway est spectaculaire. Si vous voulez y passer la nuit, restez au Zion Lodge *(p. 107)*. Réservez un emplacement si vous souhaitez y camper. ☜ *Plan V1 • renseignements au Zion Canyon Visitor Center, Hwy. 9, près de Springdale • 435 772 3256 • www.nps.gov/zion*

Bright Angel Point, North Rim, Grand Canyon

North Rim est moins accessible que South Rim mais mérite le déplacement. Depuis le centre d'accueil de North Rim, parcourez le court sentier menant au Bright Angel Point pour admirer de superbes vues. ☜ *Plan V2 • North Rim Visitor Center, Bright Angel Peninsula • ouv. mi-mai–mi-oct.*

Vue depuis North Rim

Pages suivantes **Death Valley**

Gauche **Maison hopi par Mary Colter, Grand Canyon** Droite **Route de Mount Zion**

6 Yavapai Geology Museum, South Rim, Grand Canyon

Pour une première approche de la géologie du Grand Canyon, la Yavapai (ou Yavapai) Observation Station, sur South Rim, constitue un observatoire bénéficiant d'une vue sublime sur les pavillons du Phantom Ranch et sur le Colorado, qui coule dans le canyon, 1 500 m plus bas. Cependant, la vue de ce fleuve impétueux est encore plus impressionnante depuis le fond même du canyon. ◈ *8 km au N de l'entrée S • plan V2 • ouv. 8h-20h.*

7 Watchtower, Desert View, Grand Canyon

Cette reconstitution fantaisiste d'un *pueblo* ancestral, avec boutiques de cadeaux et buvette, a été conçue en 1932 par Mary Colter, une architecte de la région. Il s'agit du point le plus élevé de South Rim. L'étage de la tour de pierre est décoré de peintures murales hopi. Dans les environs, on doit également d'autres édifices à Mary Colter, notamment Hopi House, Hermit's Rest, Lookout Studio et des pavillons du Phantom Ranch. ◈ *Sur la Hwy. 64 à Desert View • plan V2*

Roches millénaires

La géologie du Grand Canyon et de la Death Valley en dit long sur la planète : certaines roches auraient 1,7 milliard d'années. À Zion National Park, plateaux et falaises ont été sculptés par les éléments au cours de millions d'années. Death Valley, site le plus jeune, date d'une époque relativement récente. Vous pourriez recevoir une amende si vous prenez des roches ou tout autre objet d'un parc national.

8 Scotty's Castle, Death Valley

Dans les paysages fabuleux de Death Valley se trouve Scotty's Castle, une demeure de style méditerranéen construite dans les années 1920 par Albert Johnson, magnat des assurances à Chicago. La maison doit son nom à Walter Scott, cascadeur de spectacles de Far West et escroc, qui prétendait être propriétaire du lieu. Ironie du sort, Scott se lia d'amitié avec

Dante's View, Death Valley

Kolob Canyons

Johnson à la fin de sa vie et passa ses dernières années dans le château tant convoité. L'intérieur se visite toute l'année avec un guide : les bois finement sculptés, les fers forgés et les céramiques ornées sont très réussis. Le parc se visite librement. ◈ *Hwy. 267 à l'extrémité N de Death Valley • plan S1 • 760 786 2392 • parc ouv. t.l.j. 7h-17h30, vis. guid. toutes les heures • EP.*

Aguereberry Point, Death Valley

Depuis ce promontoire des Panamint Mountains, la vue porte, entre autres, sur une grande partie de Death Valley, de Furnace Creek, de la Sierra Nevada enneigée, du Devil's Golf Course et d'autres sites. Vous pouvez accéder à ce mirador en voiture en empruntant une longue route de gravier de 6,2 miles (10 km). Vous pouvez aussi y aller en vélo, mais sachez que la montée est loin d'être facile. ◈ *Plan S2 • renseignements au Furnace Creek Visitor Center • 760 786 3200 • ouv. t.l.j. 8h-17h.*

Dante's View, Death Valley

Ce promontoire des Black Mountains est l'un des meilleurs observatoires de Death Valley. Situé à 1 668 m au-dessus de la sebkha de Badwater – point le plus bas de Death Valley –, c'est un endroit merveilleux pour assister au lever du soleil. Son nom rend hommage à *L'Enfer* de Dante. ◈ *40 km au S de Furnace Creek • plan S2.*

Trois excursions depuis Las Vegas

On peut visiter Zion, le Grand Canyon et Death Valley en une seule fois, mais pas en un seul jour. Étant donné leur localisation éloignée, scindez la découverte en trois excursions distinctes.

Route de Zion

Superbe excursion de deux jours : prenez la Highway 15 vers l'est jusqu'à la bifurcation de Valley of Fire, traversez à pied **Petroglyph Canyon** *(p. 99)* jusqu'à Mouse's Tank et visitez le **Lost City Museum of Archeology** *(p. 99)*. Reprenez la Highway 15 pour déjeuner à Mesquite. Ne manquez pas le sublime crépuscule depuis l'un des nombreux points de vue de Zion. Passez la nuit dans le parc ou à Springdale.

Grand Canyon

Prenez la Highway 93 jusqu'à Kingman, puis les routes 40 et 64 jusqu'au parc national. Les corniches offrent un panorama sur le canyon, mais mieux vaut parcourir le fond de la vallée à pied ou à cheval, y passer la nuit ou descendre le fleuve en raft. Les réserves de la corniche permettent de se plonger dans l'authentique culture amérindienne.

Death Valley

Trois routes vont à Death Valley depuis Las Vegas. Pour choisir celle qui convient le mieux à votre excursion, visitez le www. nps.gov/deva pour obtenir des renseignements et conseils. Vous pouvez vous procurer des boissons et collations à Scotty's Castle.

 Autres renseignements sur la visite de la région **p. 109**

103

Gauche **Pins pignons** Centre gauche **Iguane** Centre droite **Armoise** Droite **Tortue du désert**

Flore et faune locales

Pinèdes
La pauvreté et la sécheresse du sol créent des forêts de pins pignons rabougris qui poussent à 2 000 m d'altitude dans le Grand Canyon (dont le point culminant s'élève à 2 750 m). Tous les 7 ans, ils produisent d'importantes récoltes de fruits comestibles.

Fleurs sauvages
Plusieurs sortes de fleurs sauvages poussent dans le Grand Canyon : des asters, des tournesols, des sphériacées et des castillèjes. À Zion, on trouve aussi des ancolies, des penstemons, des castillèjes et de nombreuses variétés de tournesols. Si Death Valley abrite moins d'espèces, les pâquerettes de Panamint y poussent en abondance.

Armoise
Cette plante emblématique du Nevada pousse jusqu'à 3 000 m d'altitude et peut atteindre 2 m de haut. Les grappes denses de minuscules fleurs jaunes ou ivoire s'épanouissent à la fin de l'été.

Oiseaux de proie
La buse à queue rousse est le rapace le plus courant dans les trois parcs, mais le Grand Canyon est le domaine de l'aigle royal, seigneur du ciel.

Tortues
Deux populations isolées de tortues du désert évoluent dans le sud de l'Utah, au Grand Canyon et à Death Valley ainsi que dans d'autres régions du Sud-Ouest.

Lézards
Zion compte 13 espèces de lézards, et la plus courante à Death Valley est le *Petrosauraus mearnsi*, de couleur vive. Le Grand Canyon et la Death Valley abritent également des iguanes, comme le chuckwalla.

Aigle royal

Couguars
Ces fauves craintifs, aussi appelés pumas, parcourent le Grand Canyon, Zion et les montagnes des environs de Death Valley. Ils mangent normalement de grands mammifères, comme des cerfs-mulets et des mouflons.

Cerfs
Le cerf mulet aux grandes oreilles se différencie du gracieux cerf de Virginie, car il saute assez haut et se réceptionne sur ses 4 pattes à la fois.

Serpents
La plupart des espèces des parcs sont inoffensives, mais il faut éviter le crotale, appelé couramment serpent à sonnette.

Ours
Il y a parfois des ours bruns sur les hauts plateaux de Zion mais, comme le grizzli, ils ont disparu depuis longtemps de la Death Valley et du Grand Canyon.

Précautions dans le désert **p. 133**

Gauche **Temple de Sinawava** Centre **Panamint Mountains** Droite **Great White Throne**

TOP 10 Formations naturelles

1 Atlatl Rock, Valley of Fire
Les pétroglyphes représentent un atlatl, bâton encoché utilisé pour jeter la lance plus vite et plus loin. ◈ *Plan U2.*

2 Elephant Rock, Valley of Fire
Cette étrange formation de grès, située au bout d'un court chemin qui part de l'entrée est de la vallée, ressemble à une tête d'éléphant dont la trompe serait démesurée. ◈ *Plan U2.*

3 Temple de Sinawava, Zion National Park
Ledit temple est en fait un étonnant bloc de roche rouge. Ce nom religieux n'est pas un cas isolé dans le parc. ◈ *Plan V1.*

4 Great White Throne, Zion National Park
Bien connue des alpinistes, la fabuleuse falaise abrupte du Great White Throne s'élève à 670 m du fond du canyon. C'est l'un des plus hauts monolithes du monde. ◈ *Plan V1.*

5 Kolob Arch, Zion National Park
Kolob Arch est trop difficile d'accès pour qu'on puisse en mesurer exactement les dimensions, qu'on estime à 70 m de haut et 95 m de large. ◈ *Plan V1.*

6 Marble Canyon, Grand Canyon
Les imposantes parois de calcaire ont donné leur nom à la section supérieure du Grand Canyon. ◈ *Plan V2.*

7 Inner Gorge, Grand Canyon
Cette gorge est formée de falaises de granite abruptes hautes de 300 m. Deux ponts suspendus permettent de la traverser près de Phantom Ranch. ◈ *Plan V2.*

8 San Francisco Mountains, Grand Canyon
L'explorateur Marcos de Niza a appelé « royaume de saint François » ces montagnes de 3857 m d'altitude, le plus haut point de l'État de l'Arizona. ◈ *Plan V2.*

9 Funeral Mountains, Death Valley
Une ligne de faille géologique a renversé ces montagnes spectaculaires. ◈ *Plan S1.*

10 Panamint Mountains, Death Valley
Le Panamint Range est l'une des cinq chaînes de montagnes de Death Valley. Aguereberry Point jouit de panoramas étonnants sur les Funeral Mountains et la Sierra Nevada. ◈ *Plan S2.*

Funeral Mountains

➡ *Autres renseignements sur le Grand Canyon* **p. 16-19**

Catégories de prix

Pour un repas avec entrée, plat, dessert et une demi-bouteille de vin (ou repas équivalent), taxes et service compris.

$	moins de 20 $
$$	20 $-30 $
$$$	30 $-45 $
$$$$	45 $-60 $
$$$$$	plus de 60 $

Gauche **Thunderbird, Mt Carmel** Droite **Flanigan's Café, Zion**

TOP 10 Restaurants

1 El Tovar Dining Room, Grand Canyon

Ce restaurant en rondins et pierre soigne la présentation, avec belle vaisselle et verrerie fine. Arrivage quotidien de fruits de mer par avion et excellent veau. ✎ *El Tovar Hotel, South Rim • plan V2 • 928 638 2526 • $$$$.*

2 Coronado Room, Grand Canyon

Côte de bœuf, poulet marsala et truite farcie sont les spécialités de ce restaurant espagnol. ✎ *Best Western Squire Inn, Tusayan • plan V2 • 928 638 2681 • $$$.*

El Tovar Dining Room

3 Bright Angel Lodge, Grand Canyon

Plats très copieux du Sud-Ouest américain. ✎ *Bright Angel Lodge • plan V2 • 928 638 2526 • $$.*

4 Arizona Steak House, Grand Canyon

Les grands classiques américains – gros steaks, pommes de terre au four et salades croquantes – sont servis dans un décor du Sud-Ouest aux couleurs pastel. ✎ *Bright Angel Lodge • plan V2 • 928 638 2526 • $$$.*

5 Maswick Lodge Cafeteria, Grand Canyon

Cuisine saine à prix raisonnables. On prend l'apéritif ou le digestif devant le grand téléviseur du bar sportif. ✎ *Maswik Lodge • plan V2 • 303 297 2757 • $$.*

6 Flanigan's Café, Zion

Les spécialités du chef sont les salades, les pâtes, la truite, le poulet, l'agneau de l'Utah et le bœuf Black Angus. ✎ *Springdale • plan U1 • 435 772 3244 • ouv. le soir seul. • $$$.*

7 Picnic Area, Zion Canyon et Springdale

Achetez des provisions chez Oscar's Deli et une tarte aux fruits au Bumbleberry Restaurant de Springdale pour pique-niquer en plein air dans le plus somptueux des cadres. ✎ *Plan U1 • $$.*

8 East Zion Thunderbird Lodge Restaurant, Mt Carmel

Cuisine américaine dans un restaurant familial où tourtes et pains sont faits maison. ✎ *Mt. Carmel Jtn. • plan U1 • 435 648 2203 • $$.*

9 The Inn Dining Room, Death Valley

Ce restaurant élégant propose de la cuisine continentale, dont d'excellentes côtelettes d'agneau. ✎ *Furnace Creek Inn • plan S1 • 760 786 2345 • ouv. mi-oct.–mi-mai • $$$$$.*

10 Stovepipe Wells Village, Death Valley

Le Toll Road Restaurant propose un menu éclectique à longueur d'année. ✎ *Stovepipe Wells • plan S2 • 760 786 2387 • $$.*

Gauche **Best Western Zion Park Inn** Droite **Furnace Creek Inn**

Visiter la région – Parcs et réserves

⏉10 Hébergement

1 Best Western Squire Inn, Grand Canyon

Hôtel de 250 chambres avec court de tennis, piscine chauffée, sauna, institut de beauté, billard, jeux vidéo et bowling. ✆ *100 Arizona 64 • plan V2 • 928 638 2681 • $$$.*

2 El Tovar Hotel, Grand Canyon

Cet hôtel historique bâti en 1905 par la Fred Harvey Company, pionnière des complexes hôteliers, est inspiré des pavillons de chasse européens, avec cheminée en pierre et animaux empaillés. ✆ *South Rim • plan V2 • 303 297 2757 • $$$$.*

3 Grand Canyon Lodge

Le seul hébergement de North Rim propose des pavillons et des chambres de motel modernes. Réservation indispensable. ✆ *Bright Angel Point • plan V2 • 303 297 2757 • www.grandcanyonlodges.com • $$$.*

4 Camper Village

Avec 250 places pour les camping-cars et 100 pour les tentes, c'est l'un des grands terrains de camping privés ouverts toute l'année. ✆ *Tusayan • plan V2 • 928 638 2887 • $.*

5 Zion Lodge

Le complexe comprend 40 bungalows, avec accès privé et cheminées à foyer fonctionnant au gaz, et 80 chambres de motel équipées de 2 grands lits doubles. ✆ *Zion National Park • plan U1 • 435 772 7700 • $$$$.*

6 Best Western Zion Park Inn

L'hôtel est situé au pied du Watchman. Les 120 chambres disposent d'une climatisation individuelle et certaines d'une kitchenette. ✆ *1215 Zion Park Blvd., Springdale • plan U1 • 800 934 7275, 435 772 3200 • $$$.*

7 Cliffrose Lodge & Gardens, Zion

Cadre charmant avec 2,5 ha de pelouse et de jardins arborés et fleuris au bord de Virgin River. Vue splendide de toutes les chambres. ✆ *281 Zion Park Blvd., Springdale • plan U1 • 435 772 3234 • $$$.*

8 Furnace Creek Inn, Death Valley

Hôtel chic et onéreux, avec une superbe vue sur les Panamint Mountains. ✆ *Furnace Creek • plan S1 • ouv. mi-oct.–mi-mai • 760 786 2345 • $$$$$.*

9 Furnace Creek Ranch, Death Valley

Cette auberge rustique est dotée de 2 piscines alimentées par une source chaude. On peut y pratiquer le golf, le tennis et l'équitation. ✆ *Furnace Creek • plan S1 • 760 786 2361 • $$$.*

10 Stovepipe Wells Village, Death Valley

Un peu à l'écart, ce village de vacances assez banal possède une piscine, un salon et une épicerie. Les dunes de sable sont toutes proches. ✆ *Stovepipe Wells • plan S2 • 760 786 2387 • $$$.*

 Remarque: *tous les hôtels indiqués acceptent les cartes de paiement et toutes les chambres disposent d'une salle de bains et sont climatisées.*

Gauche **Randonneurs** Centre **Marina du Lake Mead** Droite **Une route du désert**

Sentiers de randonnée

1 Mouse's Tank, Valley of Fire

« Mouse » était le nom d'un bandit amérindien. En prenant le sentier balisé vers les citernes naturelles de Mouse's Tank, on longe les plus beaux pétroglyphes du parc.

2 Canyon Overlook Trail, Zion National Park

Randonnée d'une journée, courte et facile, jusqu'à l'observatoire, avec de superbes panoramas sur le canyon de Zion.

3 Observation Point Trail Zion

Cette boucle de 12,9 km est simple jusqu'à Hidden Canyon puis ardue jusqu'à Observation Point, d'où l'on a la plus belle vue du parc. Le dénivelé est de 655 m.

4 Riverside Walk, Zion

Début novembre, le feuillage automnal ajoute au charme de ce chemin au fond d'une gorge.

5 Bright Angel Trail, Grand Canyon

Comptez 2 jours pour l'aller-retour de 30 km sur 1 342 m de dénivellation. Petits hôtels et

Fours à Wildrose Canyon

camping en cours de route. Un permis est requis pour les voyages de plus de 24 h.

6 Rim Trail, Grand Canyon

Le sentier partiellement pavé qui part de la zone du Village et aboutit à Mather Point est accessible par diverses voies sur Hermit Road et son terminus, au point de départ de South Kaibab.

7 South Kaibab Trail, Grand Canyon

Une navette dessert le point de départ du sentier, très escarpé, qui descend sur 1 372 m. L'aller-retour dans cette zone aride fait 22 km.

8 De Wildrose Canyon à Wildrose Peak, Death Valley

Six kilomètres de montée à travers bois jusqu'au sommet des Panamint Mountains, d'où le panorama est merveilleux.

9 De Golden Canyon à Zabriskie Point, Death Valley

Cette randonnée de 9,5 km parcourt les plus beaux paysages de badlands et traverse des strates rocheuses vieilles de millions d'années.

10 Coffin Peak Trail, Death Valley

Ce sentier facile part de Dante's View et suit un canyon jusqu'aux Black Mountains. Dans les hauteurs, la végétation se compose d'éphédras, d'arroches et d'arbustes épineux du désert.

Renseignements pour les visiteurs des parcs **p. 16-17, p. 99 et p. 102-103**

Visiter la région – Parcs et réserves

Gauche **Véhicule tout-terrain** Centre **Départ d'une route panoramique** Droite **À VTT**

⏱10 Excursions organisées

GC Flight
Cette société propose des vols en hélicoptère ou en avion, et des excursions en car, de Las Vegas au Grand Canyon et au Hoover Dam. On peut aussi survoler le Strip. ✆ 702 629 7776 • www.gcflight.com

Papillon Grand Canyon Helicopters
L'hélicoptère du circuit Grand Celebration Tour atterrit au fond du Grand Canyon. Visite et pique-nique au champagne précèdent le survol du Lake Mead, du Hoover Dam et du Strip.
✆ 702 736 7243 • www.papillon.com

Awesome Adventures
Il est possible de visiter le désert, le lac Mead et la Valley of Fire. Le repas du midi et la cueillette à l'hôtel sont inclus. ✆ 888 846 4747 • www.awesomeadventurestv.com

Grand Canyon Express
Grand Canyon Express offre des visites par voie des airs, en bateau et en autocar, ainsi que des options VIP. ✆ 800 843 8724 • www.airvegas.com

Canyon Explorations
C'est l'une des agences qui organisent randonnées, excursions commentées et rafting dans le Grand Canyon. ✆ 928 774 4559.

ATV Wilderness Tours
Excursions guidées toute l'année en véhicule tout-terrain. Les formules vont de 3 h à 6 h. L'agence se trouve à Saint George, dans l'Utah. ✆ 888 656 2887 • www.atvadventures.com

Adventure Photo Tours
Les visiteurs peuvent photographier des villes fantômes, des chevaux sauvages, des pétroglyphes, des mines abandonnées, des formations de grès et des fleurs pendant les excursions. ✆ 888 363 8687. • www.adventurephototours.com

Randonnées de Pink Jeep
Reconnu pour ses guides connaisseurs, Pink Jeep propose différentes visites d'une demi-journée ou d'une journée, en groupes de dix randonneurs, ce qui rend l'expérience agréable. Il s'agit également de l'une des rares entreprises possédant un permis de randonnée hors route. ✆ 888 900 4480 • www.pinkjeeptours.com

Tickets and Tours
Une excursion d'une journée au Hoover Dam est offerte avec celles du Grand Canyon et de Red Rock Canyon. Des excursions plus obscures sont aussi offertes, comme la visite nocturne des lieux hantés de Vegas. ✆ 800 838 8155, 702 617 5513 • www.showtickets.com

Zion Ponderosa Ranch Resort
Ce complexe propose diverses activités : descentes en rappel, randonnées, et promenades à cheval aux abords du Zion National Park. ✆ 800 293 5444 • www.zionponderosa.com

Pages suivantes Hôtel New York-New York, Las Vegas

MODE D'EMPLOI

Gauche **Golf pendant les vacances** Droite **Soleil estival**

10 Préparer le voyage

1 Tarifs

Les tarifs hôteliers montent en flèche de mi-mars à juillet et de septembre à début novembre, car le climat est plus agréable. En revanche, le temps peut être très clément en février et en novembre, alors que les prix baissent. Durant ces périodes, la circulation est plus fluide, on évite la cohue, et les casinos-hôtels sont moins chers en semaine.

2 Jouer au golf

Les golfeurs obtiennent plus facile-ment une réservation en mars, en novembre et en hiver. La température est en général agréable pour jouer, malgré le vent. Pendant l'été, réservez un départ tôt le matin avant qu'il ne fasse trop chaud.

3 Grands congrès

Les trois plus gros congrès annuels de Las Vegas, en novembre, avril et janvier, attirent chacun plus de 100 000 participants. Mieux vaut éviter ces dates : le prix des cham-bres est au maximum, la circulation difficile et la queue décourageante à l'entrée des restaurants.

4 S'habiller dans la journée

Aucune règle ne s'impose dans ce domaine. Shorts et T-shirts sont courants par grande chaleur, et les tenues estivales de grands couturiers côtoient les jeans et les vestes en cuir. Le maillot de bain n'est admis qu'au bord de la piscine : pour s'y rendre, il faut être vêtu, même légè-rement. Les hôtels haut de gamme prêtent un peignoir à leurs clients.

5 S'habiller le soir

Le code vestimentaire privilégie le confort, mais certains restaurants à prix modérés exigent une tenue correcte (chemise et chaussures). La veste est requise dans certains restaurants haut de gamme, mais la cravate ne l'est pas toujours. On s'habille en général pour assister à un spectacle ou aller en boîte de nuit. Les habitants de Las Vegas sont plus enclins que les visiteurs à porter une tenue de soirée.

6 Protection solaire

L'ensoleillement moyen étant supérieur à 300 jours par an, emportez lunettes de soleil, protections solaires, baume pour les lèvres, crème hydratante et chapeau.

7 Météorologie

Las Vegas ne reçoit en moyenne que 10,69 cm de précipitations par an, dont environ 1,25 cm en janvier et en août, mois les plus humides. Le taux d'humidité moyen est de 30,1 %. L'hiver, certains jours sont très froids et venteux, d'autres assez chauds pour porter un short.

8 Formalités d'entrée pour les Canadiens

Les Canadiens ont besoin d'un passeport et d'une carte d'identité avec photo.

9 Formalités d'entrée pour les visiteurs européens

Pour un séjour touris-tique sans visa (90 jours maximum), Français, Belges et Suisses doivent présenter un passeport à lecture optique avec photo imprimée (ou photo collée si le passeport date d'avant le 26 octobre 2005) ayant une validité de 6 mois au-delà du séjour envisagé. Il faut aussi remplir un formulaire d'exemption de visa (https://www. esta.cbp.dhs.gov), et posséder un billet de retour. Le visa reste obligatoire pour les anciens passeports ou ceux à lecture optique avec photo collée datant d'après le 26 octobre 2005. À partir du 30 mars 2006, les passeports biométriques dispensent du visa.

10 Douanes

On peut importer une quantité limitée d'articles hors taxes : 1 l d'alcool, 200 cigarettes, 50 cigares (pas de Cuba) et des cadeaux d'une valeur maximale de 100 $. Les espèces supérieures à 10 000 $ seront déclarées à l'entrée dans le pays.

Santé et à éviter **p. 131-133**

Gauche **Aéroport international McCarran** Centre **Location de voitures** Droite **Formule avion et voiture**

⁙10 Arriver à Las Vegas

Aéroport
Si vous faites partie des millions de visiteurs qui arrivent par l'aéroport international McCarran, le 5e du pays pour le trafic, consultez son site Internet. Il s'agit de l'un des aéroports les plus achalandés des É.-U. et il peut parfois être déroutant, particulièrement le matin et le weekend.

Avion
L'aéroport international McCarran est desservi par les vols réguliers et charters de toutes les grandes compagnies américaines, par Air France depuis Paris (*via* Cincinnati ou Atlanta) et par diverses compagnies internationales. Avant de réserver, comparez soigneusement les prix.

Forfaits avion-voiture-jeu
Les forfaits avion-voiture sont très prisés par les vacanciers aux États-Unis. Étudiez aussi les forfaits « spécial jeu », qui rassemblent le billet d'avion et l'hébergement à Las Vegas.

De l'aéroport au centre-ville
L'aéroport se trouvant à 4 km au sud du centre-ville, 10 min suffisent pour rejoindre en voiture les hôtels du Strip. Taxis, navettes et limousines stationnent devant l'aéroport, et les loueurs de voitures sont situés à l'intérieur. La formule la moins chère est l'autobus WAX de la RTC (Regional Transportation Commission), dont les lignes 108 et 109 relient l'aéroport au centre-ville et au Strip.

Espèces
Pour payer le transport entre l'aéroport et l'hôtel en espèces, utilisez l'un des nombreux distributeurs de billets de l'aéroport. Ils acceptent les cartes bancaires courantes comme Visa, MasterCard et American Express.

Location de voitures
Si vous louez une voiture à l'aéroport, sachez que le prix n'inclut pas toujours les taxes (d'un total de 30 %) perçues sur toutes les locations faites à l'aéroport. Si vous n'êtes pas pressé, préférez l'une des agences dont les guichets se trouvent en dehors du site, car elles pratiquent des tarifs plus avantageux.

Documents pour louer une voiture
Si vous souhaitez louer un véhicule, les agences exigent un permis de conduire et une carte bancaire valides. Les conducteurs âgés d'au moins 25 ans peuvent louer une voiture. Ceux âgés de 21 à 24 ans peuvent en louer une moyennant des frais supplémentaires. Si votre propre assurance automobile ne couvre pas le véhicule loué, n'hésitez pas à prendre la couverture proposée par le loueur.

Adresses

Informations aéroport
www.mccarran.com

Code de la route
Avant de prendre le volant, les visiteurs étrangers qui louent une voiture doivent se familiariser avec le code de la route et la signalisation des États-Unis. Renseignez-vous auprès des loueurs de véhicules.

Arriver par la route
Si vous allez à Las Vegas en voiture depuis une autre ville américaine, vous arriverez sans doute par la I-15, qui va de Los Angeles à Salt Lake City dans l'Utah et au-delà, ou bien par la I-95, qui relie l'Oregon, l'État de Washington, le Nevada et l'Arizona. Évitez les heures de pointe, entre 7 h et 9 h, et 16 h et 19 h.

Arriver en train et en bus
Si vous arrivez en train et en bus, prenez l'Amtrak Chief en direction de Needles ou de Barstow, puis prenez le bus du réseau Amtrak qui dessert Greyhound Station à Las Vegas. Pour toute information sur les horaires ou les billets, composez le 1800 872 7245 ou consultez le site internet www.amtrak.com.

⮞ *Réservations hôtelières* **p. 135**

Gauche **Monorail de Las Vegas** Droite **Taxi local**

TOP10 Se déplacer

À pied
Les trottoirs étant larges et le terrain plat, la marche à pied est sans doute la meilleure façon de parcourir les 5 km du Strip. Cependant, la ville est étendue et sillonnée de rues à voies multiples, il faut donc prendre une voiture ou les transports en commun pour visiter les sites éloignés du centre. Apportez beaucoup d'eau si vous prévoyez vous déplacer à pied. N'oubliez jamais que vous êtes dans un désert!

Trouver son chemin
Si vous conduisez, procurez-vous une bonne carte (celle de Rand McNally, en vente dans les supermarchés, drugstores et librairies, est excellente). Le plan quadrillé de la ville est coupé par quelques grandes artères obliques. Si vous conduisez, un système GPS actualisé peut également s'avérer fort utile.

Circulation
En ville, la conduite est rapide et la circulation dense. Évitez de rouler aux heures d'affluence (de 7 h à 9 h et de 16 h à 19 h). Les encombrements sur le Strip commencent en fin de matinée et durent jusqu'après minuit, surtout le week-end de mi-mars à octobre, et lors des grandes manifestations. Les rues principales de la ville comportent 6 à 8 voies.

Garages et parcs de stationnement
La plupart des casinos-hôtels du Strip disposent de grands garages. Le stationnement y est parfois gratuit, bien que vous deviez présenter un billet de validation à certains d'entre eux. La quasi-totalité des hôtels ont un service de voiturier. En cas d'affluence, les clients de l'hôtel ont priorité sur les visiteurs du casino.

Stationnement dans la rue
Veillez à lire tous les panneaux d'interdiction de stationner pour ne pas encourir une amende ou retrouver votre voiture à la fourrière. Le stationnement abusif sur les espaces réservés aux handicapés est passible d'une amende d'au moins 250 $.

Taxis
On les trouve facilement à l'entrée des hôtels du Strip et du centre-ville. La course débute à 3,30 $ et chaque mile parcouru coûte 2,60 $, chaque minute à l'arrêt 0,25 $. En cas d'encombrement, la note peut dépasser 20 $ pour aller d'un bout à l'autre du Strip. Les chauffeurs connaissent les rues moins fréquentées, mieux vaut donc leur demander de prendre le chemin le plus rapide et non le plus court.

Tramway et monorail
Un tramway gratuit relie le TI au Mirage, et l'Excalibur au Luxor et au Mandalay Bay. Un autre part du Bellagio et du Monte Carlo pour vous conduire jusqu'au Crystals, à CityCenter. Le monorail dessert le Strip entre le MGM Grand et le Sahara (lun.-jeu.,7h-2h ; ven.-dim, 7h-3h). Le trajet simple coûte 5 $.

Transports en commun
Le moyen le plus économique pour s'éloigner du centre est le bus qu'offre le RTC (Regional Transportation Commission). Il existe un grand nombre de lignes. Les lignes Deuce et Strip & Downtown Express longent le Strip. Un laissez-passer de 24 h pour les autobus du Strip et du centre-ville coûte 7 $. Celui de deux heures coûte 5 $.

Navettes des hôtels
Certaines navettes aéroport-hôtel sont payantes, d'autres sont gratuites vers les centres commerciaux et les sites les plus intéressants.

Vélo
Le vélo est déconseillé sur les artères principales, mais est agréable à Red Rock Canyon et dans les quartiers résidentiels, loin du vacarme. Le prix inclut souvent casque et bouteille d'eau.

Gauche **Ace Gold Bus** Droite **Limousine privée**

_{TOP}10 Où s'informer

1 Renseignements pratiques

Pour toute information d'ordre général sur la ville – hébergement, achats et centres d'intérêt –, contactez le Las Vegas Convention and Visitors Authority (LVCVA).

2 Voyages d'affaires

Les visiteurs qui se rendent dans la région pour affaires peuvent contacter la Las Vegas Chamber of Commerce pour être orientés vers les organismes adéquats.

Adresses

Regional Transportation Commission
702 228 7433.

Las Vegas Convention & Visitors Authority
3150 Paradise Rd.
• 702 892 0711 • www. visitlasvegas.com

Las Vegas Chamber of Commerce
6671 Las Vegas Blvd. S
• 702 735 1616.

Asian Chamber of Commerce
6272 Spring Mountain Rd.• 702 737 4300.

Urban Chamber of Commerce
1951 Stella Lake St.
• 702 648 6222.

Latin Chamber of Commerce
300 N 13th St.
• 702 385 7367.

Las Vegas Advisor
3665 S Procyon Ave.
• 702 252 0655.

3 Questions ethniques

Des organismes comme l'Asian Chamber of Commerce, la Black Chamber of Commerce et la Latin Chamber of Commerce dispensent des informations sur les entreprises et sites ethniques de Las Vegas.

4 Brochures et livres

Par le biais de l'office du tourisme de Las Vegas, vous pouvez recevoir des brochures sur la ville ou encore vous procurer des livres en version française, comme la traduction de *Las Vegas Gaming Guide,* qui donne d'excellents conseils aux joueurs.

5 Presse

Le *What's On,* un magazine bihebdomadaire, et le *Where,* une publication mensuelle, tous deux destinés aux visiteurs, sont disponibles dans les zones touristiques et les centres d'information. Ils publient des informations sur les restaurants et les distractions de la semaine.

6 Médias

Concernant les informations en français, on reçoit TV5 par le câble aux États-Unis.

7 Internet

Pour vous renseigner sur les compagnies aériennes, les locations de voitures et l'hébergement, utilisez un moteur de recherche afin de trouver des sites Internet correspondants. Consultez le site de l'office de tourisme de Las Vegas en français : www.visitlasvegas.fr

8 Bonnes affaires

Pour dénicher des aubaines intéressantes, procurez-vous les carnets de coupons qu'offrent les complexes et consultez les sites web d'hôtels pour obtenir des rabais sur de l'hébergement, des repas et des distractions.

9 Kiosques touristiques

Installés sur le Strip, ces kiosques vendent des excursions organisées, mais rassemblent aussi de la documentation utile sur diverses attractions.

10 Hors de la ville

Si vous arrivez à Las Vegas par l'I-15 au sud, vous trouverez en chemin des offres et de bonnes affaires au centre d'information touristique de Jean au Nevada, qui a la réputation de distribuer les coupons de réduction les plus avantageux pour Las Vegas.

Gauche **Galerie marchande du Bellagio** Centre **Las Vegas shopping mall** Droite **Mont-de-piété**

TOP 10 Comment acheter

1 Galeries marchandes

Les magasins haut de gamme les plus intéressants se trouvent dans les galeries marchandes des hôtels du Strip, comme Miracle Mile au Planet Hollywood *(p. 52)*, Via Bellagio au Bellagio *(p. 14-15)* et Appian Way au Caesars Palace *(p. 26-27)*.

2 Centres commerciaux

Parmi les grands centres commerciaux, Boulevard, Meadows et Galleria at Sunset *(p. 52)* sont surtout fréquentés par les habitants, contrairement aux centres commerciaux de luxe du Strip, tels que le Forum Shops at Caesars *(p. 26-27)* et Fashion Show Mall *(p. 52)*. Les soldes de janvier sont très intéressants dans les magasins chic comme Neiman Marcus et Saks Fifth Avenue (à Fashion Show Mall).

3 Bonnes affaires

On trouve des articles de qualité à bas prix dans les magasins d'usine. Les Las Vegas Premium Outlets *(p. 53 et 91)* sont situés à quelques minutes au sud du Strip ainsi qu'à l'extrême-nord de Charleston Blvd. American Apparel, 7 For All Mankind, Banana Republic Factory Store, DKNY, Elie Tahari, Juicy Couture et Nike

Factory Store figurent parmi les douzaines de marques en vente.

4 Antiquaires

Plusieurs antiquaires et boutiques de vêtements rétro ont pignon sur rue au centre-ville. Si vous n'avez le temps que d'en visiter un seul, rendez-vous au Antique Mall of America *(p. 91)*, où des douzaines de marchands vendent bandes dessinées, bijoux, vêtements, articles de cuisine et ménagers, pièces de monnaie, art asiatique et jouets. Le stationnement n'est pas un problème.

5 Boutiques ethniques

Les achats d'objets ethniques authentiques se font dans les magasins fréquentés par les différents groupes ethniques de Las Vegas, comme Asian Market (953 E. Sahara Ave.), Cardenas Market (4700 Meadows Ln), International Marketplace (5000 S. Decatur Blvd), Marlana's Supermarket (3631 W. Sahara Ave.) et ceux de Chinatown Plaza *(p. 85 et 91)*.

6 Marchés aux puces

Ils se tiennent en général les vendredi, samedi et dimanche et sont parfaits pour dénicher les bonnes affaires. Les plus grands sont Fantastic Indoor Swap Meet *(p. 91)* et Broadacres Open Air

Swap Meet (2960 Las Vegas Boulevard N).

7 Monts-de-piété

Les articles en vente dans ces boutiques sont déposés par les joueurs qui ont besoin de quelques dollars de plus. Plusieurs prêteurs sur gages sont situés au centre-ville, le plus populaire étant Gold & Silver Pawn *(p. 80)*. Si vous achetez, n'acceptez ni le premier, ni le deuxième, ni le troisième prix demandé.

8 Heures d'ouverture

Les grands centres commerciaux et galeries sont en général ouverts de 10 h à 21 h, 7 j/7. Certains magasins sont fermés le dimanche. Au Forum Shops at Caesars, quelques boutiques ouvrent jusqu'à minuit.

9 Taxes

Le Clark County perçoit sur la plupart des articles une taxe « à l'achat et à l'utilisation » de 8,1 %, qui n'est pas comprise dans les prix indiqués.

10 Cartes bancaires

Si les cartes Visa et MasterCard sont généralement acceptées, American Express et les autres cartes le sont moins fréquemment. Les chèques de voyage en dollars sont acceptés dans de nombreux magasins.

Autres achats et souvenirs p. 52-55, p. 83 et p. 91

Gauche **Restaurant buffet** Centre **Centre de congrès** Droite **Volcan du Mirage**

ᴺᵒ10 Las Vegas bon marché

1 Préparer son voyage
Commencez tôt – les vols aux meilleurs tarifs se réservent parfois 3 mois à l'avance.

2 Forfaits aériens depuis les États-Unis
Les forfaits avion-hôtel au départ de la plupart des villes américaines sont d'excellentes affaires. Les tarifs vers les villes desservies par plusieurs transporteurs sont souvent moins chers que les itinéraires sur lesquels il y a peu de concurrence.

3 Forfaits aériens depuis l'étranger
Si vous envisagez de visiter au moins 2 villes américaines, dont Las Vegas, demandez le prix de chaque tronçon séparément. Depuis l'Europe, il est souvent plus économique d'acheter un billet aller-retour pour New York ou Chicago par exemple, puis de circuler aux États-Unis en combinant des billets aller simple à tarif réduit et des locations de voiture.

4 Choisir ses dates
Programmez votre voyage aux meilleures dates. Les tarifs hôteliers varient chaque jour en fonction de l'offre et de la demande. Ils sont plus élevés le week-end, les jours fériés et lors des grands congrès et manifestations. Par exemple, une chambre à 300 $ la nuit pour un week-end chargé de mai passe à 110 $ en novembre. Les tarifs aériens sont eux aussi plus bas l'hiver.

5 Location de voitures
Les tarifs évoluent encore plus rapidement – parfois d'heure en heure. Magasinez en ligne pour trouver de bonnes affaires et appelez directement les entreprises de location pour connaître leurs offres spéciales. La plupart des entreprises exigent un dépôt par carte de crédit.

6 Informations gratuites
Dès votre arrivée en ville, allez directement au bureau d'information géré par le Las Vegas Convention & Visitors Authority *(p. 115)* et prenez les revues et brochures gratuites. Elles contiennent des bons pour des offres spéciales et des réductions sur les spectacles, restaurants, etc.

7 Repas
Faites du déjeuner votre repas principal. À midi, les buffets coûtent quelques dollars de moins que le soir, tout en servant quasiment les mêmes plats. Si vous êtes matinal ou un couche-tard, ou si vous souffrez du décalage horaire, vous économise-rez sur la nourriture : plusieurs casinos, notamment ceux du centre-ville et de la banlieue, proposent des repas à prix réduits entre 23 h et 6 h ou 7 h.

8 Achats
Si vous souhaitez éco-nomiser dans vos dépla-cements sur le Strip et au centre-ville, achetez un laissez-passer d'autobus de 24 h à 7 $.

9 Distractions
À Fremont Street Experience *(p. 79)*, les fantastiques spectacles son et lumière et les numéros de rue sont gratuits. Sur le Strip, de nombreux grands hôtels proposent des spectacles gratuits impressionnants pour attirer la clientèle *(p. 76)*. D'autres attractions gratuites sont moins connues, comme les 300 oiseaux de l'hôtel Flamingo *(p.67)*.

10 Manifestations gratuites
Parfois, les casinos orga-nisent des promotions. Des groupes donnent alors des concerts et des organismes parrainent diverses manifestations gratuites. Consultez la rubrique « calendrier » de la presse locale et les programmes de spectacles gratuits. Fremont Street est l'en-droit idéal pour assister à des concerts et événe-ments gratuits.

➡ *Autres distractions gratuites ou bon marché* **p. 76 et p. 82**

Gauche **The Mirage dolphin habitat** Centre *Excalibur* Droite **Cirque du Soleil au Bellagio**

Se distraire

1 Spectacles
Programmez au moins un grand spectacle pendant votre séjour. Une visite à Las Vegas serait incomplète sans ces représentations très impressionnantes et d'un grand professionnalisme. De plus, tous les shows ne sont pas aussi onéreux que le célèbre *O* du Cirque du Soleil ou Céline Dion.

2 Horaires des spectacles
La plupart des grands spectacles proposent 2 séances chaque soir, avec 1 ou 2 jours de relâche dans la semaine (variable selon le show). Tous les spectacles font une pause de quelques semaines au cours de l'année. Informez-vous. En matinée, les billets sont meilleur marché.

3 Dîners
La plupart des spectacles n'incluent ni le repas ni la boisson (il y a des buvettes devant la plupart des salles), mais certains hôtels proposent des dîners-spectacles ou des forfaits spectacle-boisson. Préférez cette dernière formule, moins onéreuse. De plus, la cuisine des dîners-spectacles est rarement extraordinaire. Les dîners-spectacles représentent une bonne affaire.

4 Autres spectacles
Les revues à grand spectacle ne sont pas les seules de la ville. D'autres représentations, à l'affiche depuis longtemps dans les casinos-hôtels, mettent en scène des magiciens, des comédiens et des imitateurs. Des artistes encore peu connus se produisent aussi dans certains clubs.

5 Vedettes
Si vous tenez à voir un artiste précis dans l'une des somptueuses représentations de la ville, prenez vos billets dès que le spectacle est annoncé. Si vous tardez, vous risquez de ne trouver que de mauvaises places très chères. À Las Vegas, les grandes vedettes ne se produisent souvent qu'une seule fois; les billets meilleur marché sont à moins de 100 $, et les places les plus onéreuses peuvent parfois dépasser les 1 000 $.

6 Spectacles de salon
Les spectacles de salon font partie des sorties économiques à Las Vegas. C'est là que vous pouvez possiblement assister au prochain grand spectacle de Las Vegas. On ne paie que le prix de la consommation pour y assister. Certains sont même gratuits.

7 Piano Lounges
Dans plusieurs salons, des musiciens professionnels acceptent un pourboire pour jouer votre pièce favorite.

8 Distractions inattendues
Les distractions sont omniprésentes à Las Vegas. Aussi n'est-il pas rare de tomber par hasard sur un orchestre de jazz à l'entrée d'un hôtel, un récital de danse dans un centre commercial, un quartet à cordes dans un parcours, des artistes ambulants dans un hôtel à thème.

9 Boîtes de nuit
Outre les grands spectacles à l'affiche dans les multiples salles de la ville, Las Vegas propose de nombreux bars et boîtes de nuit *(p. 42-43)*. La plupart des grands casinos-hôtels disposent d'un night-club. L'entrée est payante et une tenue correcte est exigée pour les hommes comme pour les femmes.

10 Culture
Las Vegas ne rime pas toujours avec culture, mais des artistes internationaux de tout premier ordre se produisent pourtant régulièrement dans la ville: Luciano Pavarotti a chanté au Mandalay Bay et les meilleurs orchestres et troupes de ballet passent à l'université. En dehors de leur registre habituel, les artistes des spectacles de Las Vegas s'impliquent dans les syndicats d'acteurs, le ballet et les productions musicales.

Autres spectacles et distractions p. 38-43

Gauche *Jubilee!* Centre *Le Rêve – The Dream* Droite *Kà*

🔟 Acheter des billets

1 Réserver à l'avance

Achetez vos places de spectacle très à l'avance auprès de votre agence de voyages, ou en contactant le bureau de location adéquat (appelez l'hôtel qui vous mettra en relation avec son théâtre), ou encore en passant par une agence de spectacles comme Ticketmaster.
Il est impossible d'obtenir le jour même des billets pour les grands spectacles comme *O* et *Mystère* (p. 38), même si l'on séjourne à l'hôtel où ils sont programmés.

2 Billet à rabais

Des billets à rabais pour les différents spectacles sont vendus par Tix4Tonight au Hawaiian Marketplace, à l'extérieur du Fashion Show Hall, au sud de la Riviera, et à l'hôtel Four Queens, près de la bouteille de Coca-Cola géante au nord du MGM Grand.

3 Dernière minute

Si vous voulez voir un spectacle et que vous ne parvenez pas à obtenir de billet à l'avance, présentez-vous tôt à l'entrée pour être en tête de la file d'attente. Vous augmenterez vos chances d'avoir une place.

4 VIP

Les gros joueurs n'ont pas à se soucier de la queue à l'entrée des théâtres. Le bureau VIP se charge de satisfaire tous leurs désirs. Des forfaits VIP offrant de bons sièges, des repas et des boissons sont normalement disponibles pour la plupart des spectacles.

5 Choisir sa place

Si c'est possible, n'hésitez pas à consulter le plan de la salle. Puisque les places sont toutes au même prix, autant choisir celles qui vous conviennent le mieux, même si, dans la plupart des théâtres, il n'y a pas *a priori* de mauvais placement.

6 Pourboires

Il n'est pas toujours nécessaire de donner un pourboire au maître d'hôtel ou à l'ouvreuse. Les billets sont souvent émis électroniquement avec un numéro de siège précis. Cependant, dans les salles où l'on est à table, c'est le maître d'hôtel qui place les clients. Si vous avez des sièges VIP ou si un placier fait un effort pour vous trouver un bon siège, il est approprié de lui laisser un pourboire de quelques dollars.

7 Box Offices

Les clients peuvent acheter des billets en ligne pour la plupart des spectacles et les récupérer avant la levée du rideau. Vous devez normalement aller chercher les billets une heure avant le spectacle, car ils peuvent être revendus si vous êtes en retard.

8 Autres spectacles culturels

Les billets pour les programmes culturels présentés dans les centres artistiques municipaux et les amphithéâtres en plein air s'achètent souvent dans les agences de spectacles comme Ticketmaster.

9 Voyage organisé et spectacles

Si les spectacles de Las Vegas sont votre priorité, demandez à votre agence de voyages de les inclure dans votre itinéraire.

10 Renseignements

Dans la plupart des cas, vous devriez pouvoir vous procurer des billets directement à la salle de spectacles. Si une salle ne vend pas de billets, informez-vous auprès de son personnel, qui sait avec qui communiquer pour en réserver.

Adresse

Ticketmaster
800 745 3000.

Gauche **Mariage au Bellagio** Centre **Chapelle nuptiale** Droite **Mariage d'Elvis Presley à Las Vegas**

10 Se marier à Las Vegas

1 Obtenir une licence
Au Nevada, les conditions d'obtention d'une licence de mariage ont toujours été moins rigoureuses que dans les autres États. Aucun test sanguin n'est requis et, une fois la licence émise, aucun délai n'est nécessaire avant le mariage. Pour obtenir la licence, les fiancés doivent se présenter au bureau du County Clerk au Clark County Courthouse. Plus de 100 000 mariages sont célébrés tous les ans dans le Clark County.

2 Pièce d'identité
Il faut présenter une pièce d'identité, comme l'acte de naissance certifié, traduit en anglais et notarié, ou le passeport. Les divorcés doivent fournir l'acte de divorce.

Adresses

Clark County Marriage License Bureau
201 E Clark Ave.
• ouv. t.l.j. 8h-minuit
• 702 671 0600.

Commissioner of Civil Marriages
309 S 3rd St.
• dim.-jeu, 14h-18h. ; ven.-sam., 8h-22h

Purple Unions (mariages gays)
• www.purpleunions.com/usa/nevada.html

portant la date, la ville et le pays d'émission du document.

3 Âge légal
L'âge légal du mariage est de 18 ans. Les jeunes de 16 à 18 ans doivent être accompagnés d'un parent consentant ou présenter un acte notarié signé par un parent consentant.

4 Gagner du temps
Les couples qui comptent se marier le jour de la Saint-Valentin ou le 31 décembre doivent obtenir leur licence à l'avance pour éviter les longues files d'attente au bureau du County Clerk.

5 Officiant
La loi du Nevada veut que le mariage soit célébré par un officier de l'état civil ou tout représentant d'une confession religieuse, autorisé par l'État.

6 Cérémonie civile
Le mariage civil est célébré non loin du Courthouse, dans le bureau du Commissioner of Civil Marriages, pour la somme de 50 $. Un témoin est nécessaire en plus de l'officiant.

7 Mariage religieux
Si vous marier religieusement à Las Vegas vous tient vraiment à cœur, demandez à votre pasteur, prêtre ou rabbin de contacter le responsable de l'église, de la synagogue ou du

temple de Las Vegas choisi pour la cérémonie. C'est un bon moyen de parer aux éventuelles divergences quant à la préparation du mariage, la publication des bans, etc.

8 Prix
La licence coûte 60 $, payables en espèces. Comptez 75 $ pour une cérémonie simplifiée dans une chapelle nuptiale, 50 $ pour le célébrant, auxquels s'ajoutent les fleurs, la musique ou la location de costumes. Les mariages célébrés par un sosie d'Elvis Presley commencent à 200 $. Réservez la chapelle à l'avance, car le planning peut être complet.

9 Lieux
Avec plus de 50 chapelles, des centaines d'églises, de temples, de synagogues, de parcs publics, de salles de bal et de lieux pittoresques, Las Vegas offre tous les cadres possibles pour un mariage. Méfiez-vous, tous n'acceptent pas d'officier en parachute ou en hélicoptère !

10 Mariages homosexuels
Ils ne sont pas reconnus au Nevada, mais certaines chapelles nuptiales de la ville comme la Gay Chapel of Las Vegas, dans la chapelle Viva Las Vegas (p. 50), procèdent à des cérémonies de pacte.

Les 10 meilleures chapelles nuptiales p. 50-51

Gauche **Little Church of the West** Centre **Chapelle nuptiale** Droite **Restaurant Pamplemousse**

TOP 10 Lune de miel à Las Vegas

Forfait hôtelier
Les hôtels de Las Vegas proposant presque tous des forfaits jeunes mariés, il est bon de comparer les prix. Le forfait de base comprend une chambre surclassée, une bouteille de champagne avec les flûtes en souvenir, le petit déjeuner en chambre (en option) et un dîner dans l'un des restaurants de l'hôtel.

Variations de prix saisonnières
La licence de mariage coûte 60 $ toute l'année, et les prix des chapelles sont relativement constants (sauf le jour de la Saint-Valentin et le 31 décembre), mais les forfaits jeunes mariés dépendent de la date choisie. Par exemple, une lune de miel d'une semaine coïncidant avec le très important congrès annuel Comdex, qui draine 225 000 participants, coûtera de 2 à 4 fois plus cher que la semaine précédente ou suivante.

Forfait Bed & Breakfast
Si vous voulez échapper à la foule et aux néons, penchez-vous sur les forfaits jeunes mariés en Bed & Breakfast et sur les locations de house-boat *(p. 134)*.

Offres sur Internet
Étudiez les bonnes affaires sur Internet. Tous les hôtels ont un site web comportant des renseignements sur les forfaits.

Lune de miel sans forfait
Si vous préférez organiser vous-même votre voyage de noces, vous pouvez ajouter à une simple réservation votre touche personnelle – une boîte de chocolats gastronomiques d'Ethel M. (fabriqués à Las Vegas), un dîner dans un restaurant romantique, comme le Pamplemousse *(p. 46)*, et vos spectacles préférés.

Hébergement
À l'exception de l'élégant J.W. Marriott Las Vegas, du Green Valley Ranch ou du Red Rock Casino Resort, plus on s'éloigne du Strip, moins l'hébergement est cher.

Professionnels du mariage
Pour ceux qui ne souhaitent pas s'en faire avec les détails, la plupart des complexes ont des planificateurs de mariage professionnels ; communiquez directement avec eux.

Trousseau
La lingerie vendue dans des magasins comme Bare Essentials et Bad Attitude Boutique est insolite et peut s'intégrer à votre trousseau de jeune mariée.

Photos de mariage
Pour avoir un souvenir peu coûteux de votre voyage de noces, faites insérer votre visage sur la couverture d'un magazine par Cashman Photo à Miracle Mile à Planet Hollywood, ou posez avec un amuseur public du Strip ou du centre-ville (702 792 3686).

Films
Les suites nuptiales disposent généralement d'un lecteur DVD ou d'un magnétoscope. Les mariés cinéphiles peuvent louer la comédie *Lune de Miel à Las Vegas* avec Nicolas Cage (Andrew Bergman, 1993).

Adresses

Bare Essentials
4029 W Sahara Ave.
• 702 247 4711.

Bad Attitude Boutique
4011 W Sahara Ave.
• 702 646 9669.

Information générale
• *www.vegas.com/ weddings*

Gauche **Enseigne du casino Sunset Station** Droite **Machines à sous**

⑩ Jouer au casino

Mode d'emploi

1 S'inscrire
Si vous comptez jouer, inscrivez-vous à un club de machines à sous. La plupart des casinos en ont un et l'inscription est gratuite. Il suffit d'avoir au moins 21 ans. Ces clubs offrent des cadeaux en fonction de la somme jouée, indépendamment des gains ou pertes au jeu.

2 Optimiser les avantages
Comparez les cadeaux et les modes de comptabilisation des points. Ainsi, 2 clubs peuvent remettre un cadeau en échange du même nombre de points, mais l'un d'eux peut accorder 2 points pour 5 $ introduits dans la machine et l'autre 2 points pour seulement 1 $. On peut s'inscrire dans plusieurs clubs, mais les connaisseurs conseillent de se limiter à un seul afin d'accumuler assez de points pour gagner un cadeau.

3 Carte de membre
Insérez votre carte de membre en plastique (délivrée à l'inscription) pour enregistrer vos points. Les points accumulés s'échangent contre des repas et des nuits d'hôtel à tarif réduit (voire gratuites), ou des articles à logo comme des tasses, T-shirts, sacs de sport, survêtements et casquettes. Certains casinos offrent aussi des espèces en cadeau.

4 Hôtes
Presque tous les casinos emploient des « hôtes » qui circulent dans l'établissement pour répondre aux questions sur le fonctionnement des machines. N'hésitez pas à leur demander combien de temps vous devez jouer pour être « invité » à déjeuner, à dîner ou au spectacle de leur théâtre. C'est une procédure courante.

5 Astuce à l'inscription
Un couple qui effectue un séjour unique à Las Vegas a intérêt à s'inscrire ensemble pour recevoir 2 cartes dont les points s'accumulent sur un même compte. En revanche, un couple qui envisage plusieurs séjours a intérêt à prendre 2 inscriptions individuelles, car certains casinos envoient des offres de nuits d'hôtel à tarif réduit. Ainsi, le couple peut espérer gagner 2 fois plus de nuits à tarif réduit.

6 Redistribution des mises
Tous les casinos ont des machines de vidéo poker et des machines à sous avec des rapports de gain différents (taux moyen que la machine redistribue au joueur). Choisissez les machines qui ont les meilleurs programmes de redistribution. Ceux-ci

figurent sur le devant de la machine : ils indiquent les combinaisons gagnantes et le nombre de pièces distribuées lorsqu'on tombe sur la bonne combinaison.

7 Gérer son budget de jeu
N'oubliez pas qu'au jeu le casino est toujours gagnant (le taux de redistribution de 100 % des machines de vidéo poker les plus généreuses est estimé sur un jeu parfait). Perdre 50 $ pour être invité à un buffet de 6,95 $ n'est pas une bonne affaire. Laissez votre portefeuille à l'hôtel pour ne pas succomber à la tentation de trop dépenser.

8 Jeux de table
De nombreux casinos proposent des jeux de table. Assurez-vous auprès du chef de table que ces jeux sont inclus dans le décompte des points du club.

9 Encaissement
La plupart des casinos sont munis de chambres fortes et de machines de remboursement qui vous permettent d'encaisser votre argent à tout moment.

10 Séjours futurs
Si vous prévoyez retourner rapidement à Las Vegas, manifestez votre loyauté en utilisant des cartes de joueurs et en restant au même hôtel.

Gauche **Carte de membre d'un casino** Droite **Table de black-jack**

TOP10 Tournois

1 Calendrier des tournois

Les parieurs doivent se renseigner auprès des différents casinos pour connaître le calendrier des tournois pendant leur séjour. Il peut s'agir de manifestations d'un jour aux droits d'inscription modiques, voire gratuits, ou de tournois de 4 jours. Les plus appréciés sont les tournois de black-jack, de machines à sous et de vidéo poker.

2 Tournois de plusieurs jours

Les tournois de 4 jours laissent du temps libre, car on ne joue que 2 ou 3 h. Le droit d'inscription comprend en général l'hébergement (ou une chambre à prix réduit), certains repas et un crédit bar pour le participant et un invité. Ces frais peuvent atteindre des milliers de dollars, mais ils sont le plus souvent compris entre 199 et 599$. Dans les tournois à grosse mise, les prix en espèces atteignent parfois le million de dollars.

3 Entre les parties

La plupart du temps, les tournois de machines à sous ou de vidéo poker consistent en 3 parties de 20 à 30 min sur des machines à compteur, qui n'ont pas à être alimentées pendant le tournoi. Les prix sont décernés aux gagnants de chaque

partie et aux joueurs qui totalisent les scores les plus élevés pour les 3 parties. Il est intéressant pour un casino d'organiser un tournoi, car les participants jouent dans l'établissement pendant leur temps libre.

4 Prix

Le montant des prix en espèces varie, mais le pourcentage des participants qui en reçoivent un est en général élevé – jusqu'à 25 %.

5 Black-jack

Les tournois de black-jack consistent en général en 3 parties : les gagnants des parties passent en demi-finale puis en finale. Le droit d'inscription comprend le plus souvent un certain nombre de jetons distribués au début du tournoi, puis avant la demi-finale et avant la finale.

6 Gros joueurs

Si vous jouez beaucoup, assurez-vous que vous figurez sur la liste des invités de vos casinos favoris. Plusieurs d'entre eux n'annoncent pas leurs tournois mais invitent les gros joueurs dont les noms sont sélectionnés dans leur base de données. Hébergement, repas et boissons sont les meilleurs de l'établissement, et les droits

d'inscription vont de la gratuité aux milliers de dollars.

7 Gérer son budget de tournoi

Si vos ressources sont limitées, mieux vaut participer aux tournois assortis de droits d'inscription qu'à ceux qui n'en ont pas, mais où l'on joue avec ses propres deniers. Les participants de certains tournois paient parfois un supplément pour acheter des jetons ou des tours de machine en cours de tournoi.

8 Atout

Quand vous participez à un tournoi dont l'issue dépend à la fois de la chance et de la technique, préférez les boissons non alcoolisées et l'eau minérale aux alcools offerts par la maison, pour garder la tête froide.

9 Machines de tournoi

Les machines du casino ne font pas gagner aussi souvent que celles des tournois. Les scores élevés et les gros lots fréquents suscitant l'excitation, les machines de tournoi sont en général réglées de façon à être très actives.

10 Fidélisation

Si vous avez apprécié l'expérience et voulez être invité à un autre tournoi, envoyez un mot de remerciement au directeur des activités du casino.

Gauche **Croupier à une table de roulette** Centre **Baccara** Droite **Keno**

🔟 Conseils aux joueurs

Mode d'emploi

1 En préambule

Le casino est toujours gagnant au jeu, qui est plus une distraction qu'une réelle source de profit. Fixez donc à l'avance la somme que vous miserez et cessez de jouer dès que vous l'avez perdue. Si vous gagnez et voulez continuer, ne jouez qu'une partie de vos gains et récupérez le reste ainsi que votre mise initiale pour finir gagnant.

2 Jeux de casino

Le black-jack (appelé aussi « 21 ») est le jeu de table où les joueurs ont le plus de chances de gagner. Les autres jeux de table les plus pratiqués sont le craps (dés), le baccara, la roulette, le poker et trois jeux basés sur le poker « Five Card Stud » : Caribbean Stud Poker, Let'er Ride et Pai Gow.

3 Machines à sous

C'est la machine à sous qui rapporte le plus d'argent aux casinos du Nevada. Selon les experts, elle crée une dépendance. Certaines machines – le vidéo poker notamment – supposent une certaine adresse, d'autres relèvent du pur hasard.

4 Mise et encaissement

Si l'on insère un billet de 10 ou 20 $ dans la fente d'une machine à sous

– les machines n'acceptent plus les pièces – on peut jouer plus vite, car il suffit alors d'appuyer sur un bouton pour déduire de la mise le nombre de pièces voulu. Quand on tombe sur la combinaison gagnante, les gains sont ajoutés au total et non éjectés par la machine. Ils sont ensuite indiqués sur un ticket à échanger contre des espèces.

5 Lire les tableaux de gains

Pour gagner le gros lot affiché sur la machine à sous, il faut insérer le nombre maximum de pièces accepté par l'appareil. Il faut donc choisir entre risquer un gros montant ou être déçu si l'on gagne sans avoir inséré assez de pièces pour toucher le gros lot.

6 Keno

Les chances de gagner au keno sont les plus faibles de tous les jeux de casino. Il s'agit de choisir des nombres (de 1 à 80) qu'on espère voir correspondre aux 20 numéros qui s'affichent au hasard. La plupart des casinos ont une salle de keno.

7 Vocabulaire du jeu

Connaître le jargon des casinos est utile. Paiement manuel (hand pay) : gains remis par un employé du casino et non par la machine.

Stickman : employé du casino qui ramasse les dés sur la table de craps avec un bâton crochu. Joueur-lanceur *(shooter)* : joueur dont c'est le tour de jeter les dés. Pourboire *(tokes)* : remis pour service rendu. *RFB comp* : chambre, repas et boissons gratuits (offerts en général aux gros joueurs). Gros joueur *(high roller)* : celui qui parie des montants élevés. Crever *(bust hand)* : au black-jack, totaliser plus de 21 (perdre).

8 Jetons

Dans tous les casinos de Las Vegas, les jetons de 5 $ sont rouges, ceux de 25 $ sont verts et ceux de 100 $ sont noirs. La couleur des jetons de valeur supérieure varie.

9 Offres alléchantes

Ne vous laissez pas tenter par les offres que proposent les coupons des casinos. Ne profitez des coupons « deux pour le prix d'un » que si vous comptiez jouer.

10 Pourboire

Si vous gagnez un gros lot remis par un membre du personnel et non par la machine, il est d'usage de donner un pourboire. Les joueurs donnent en général 3 à 5 % de leurs gains, les plus généreux vont jusqu'à 10 %.

Autres renseignements sur les casinos et le jeu p. 36-37 et p. 122-123

Gauche **Paris pendant une partie de craps** Centre **Dés de craps** Droite **Casino Arizona Charlie's**

TOP10 Risques du jeu

1 Fatigue du jeu

Arrêtez-vous de temps en temps. Le jeu est épuisant, psychologiquement et physiquement. Si vous passez plus d'une heure à vous demander si vous allez continuer ou non, ou deux heures penché sur une machine à sous, la fatigue ne manquera pas de se manifester. Faites une pause – quelques pas à l'extérieur par exemple – ou allez manger un morceau et boire un peu pour reprendre des forces.

2 Probabilité des gains

Ce n'est pas parce que la machine à sous n'a pas versé de jackpot depuis longtemps qu'elle est sur le point de le faire. Chaque tour de rouleau est indépendant du précédent et du suivant.

3 Mauvais calcul

Attention aux machines qui fonctionnent avec plusieurs pièces de 5 cents. Ce sont les plus rentables pour les casinos. La plupart ont 9 lignes, certaines, jusqu'à 25. Dans la pratique, cela signifie que pour jouer le nombre maximum de pièces sur toutes les lignes, on risque au moins 4,50 $ chaque fois que l'on appuie sur le bouton.

4 Manque de discrétion

Ne vous vantez pas de vos gains devant des oreilles inconnues. On ne sait jamais à qui l'on a affaire – rois de l'arnaque ou pire.

5 Boissons gratuites

Ne succombez pas aux boissons gratuites offertes aux joueurs par les serveuses qui circulent dans les casinos. L'excès d'alcool diminue les capacités des joueurs, et certains sont même partis en oubliant leurs tickets indiquant leurs gains.

6 Pollution atmosphérique

Si vous êtes nonfumeur, ne fréquentez pas les salles enfumées. Heureusement, la plupart des casinos récents sont dotés de systèmes de ventilation très efficaces.

7 Encaissement des gains

Une fois le chèque de gain touché, on est tenté de le dépenser. D'où les multiples offres qui incitent les clients à encaisser leur chèque dans les casinos : boissons gratuites, parties de machines à sous gratuites, participation au tirage d'une voiture et même d'une maison.

8 Flamber son argent

Définissez à l'avance la somme que vous acceptez de perdre plutôt que celle que vous voulez gagner avant d'arrêter de jouer. Si certains joueurs gagnent parfois des sommes colossales, les casinos-hôtels, dont la construction a coûté des millions de milliards de dollars, et les nombreux monts-de-piété sont la preuve que l'on perd en général plus d'argent qu'on n'en gagne.

9 Mauvaises affaires

Certains casinos proposent des bonus de 40 $, voire 100 $ si vous jouez 20 $ aux machines à sous. Ces offres, destinées à attirer les joueurs, ne sont valables que sur certaines machines, et c'est seulement après avoir payé que les « pigeons » apprennent ces conditions.

10 Mineurs et jeu

Les moins de 21 ans ne sont pas autorisés à jouer et risquent d'être arrêtés. Si vous êtes repéré, vous comparaîtrez devant le tribunal, car c'est un délit soumis à des sanctions qui peuvent aller de l'amende aux travaux d'intérêt général, voire à une peine de prison d'un an maximum.

Gauche **Excalibur** Centre **Apprendre les ficelles du jeu** Droite **Palace Station**

☁10 Initiation au jeu

1 Anxiété du joueur

Pour surmonter le trac du débutant, suivez des leçons d'initiation au jeu. Elles sont dispensées gratuitement dans les casinos indiqués ci-dessous, du lundi au vendredi, et durent environ 1 h.

2 Règles de la maison

Même si vous jouez régulièrement au poker ou au baccara avec des amis, les leçons vous apprendront les procédures et protocoles du jeu en casino. Il est parfois gênant d'en ignorer les règles.

3 Choisir un horaire

Les leçons sont plus profitables le matin. Elles ont lieu dans les casinos, qui deviennent plus bruyants au fil de la journée, ce qui nuit à la concentration.

4 Pourboires

Bien que les leçons soient gratuites, un pourboire de 2 à 5 $ est toujours apprécié par le professeur.

MGM Grand

5 Leçons gratuites

Plus d'une demi-douzaine de casinos du Strip offrent des leçons de jeu, dont l'Excalibur, le Circus Circus, le Tropicana et l'Imperial Palace. Les horaires des leçons et les jeux enseignés varient d'un établissement à l'autre.

6 Jeux exotiques

Si vous souhaitez vous mettre au Pai Gow Poker, au Caribbean Stud et au Let it Ride, téléphonez au Golden Nugget ou au Planet Hollywood pour connaître les horaires des leçons.

7 Leçons à Downtown

Si vous préférez éviter le Strip, le Golden Nugget est l'un des rares casinos de Downtown à proposer une initiation au jeu.

8 Leçon loin du Strip

Si vous avez une voiture et voulez stationner facilement, le casino-hôtel Palace Station, plus éloigné, est réputé pour la qualité de ses leçons.

9 Autres méthodes

Plutôt que d'assister aux leçons, on peut apprendre comment jouer à la plupart des jeux au casino en regardant les émissions de télévision en circuit fermé diffusées dans les chambres. Ces émissions sont diffusées plusieurs fois par jour.

10 Avertissement

Les cours d'initiation au jeu ne forment malheureusement pas des experts. Observez les joueurs avant de commencer à jouer et ne pariez que de petites sommes tant que vous êtes néophyte.

Black-jack

Casinos proposant une initiation au jeu

Caesars Palace
3500 Las Vegas Blvd. S
• *800 364 6001.*

Excalibur
3850 Las Vegas Blvd. S
• *702 597 7777.*

Gold Coast Hotel & Casino
4000 W Flamingo Rd.
• *702 367 7111.*

Golden Nugget
129 Fremont St.
• *702 385 7111.*

Planet Hollywood
3667 Las Vegas Blvd. S
• *866 919 7472.*

Tropicana Las Vegas
3667 Las Vegas Blvd. S
• *800 462 8767.*

Gauche **Panneau «Accès aux handicapés»** Droite **Monorail**

TOP 10 Pour les handicapés

Coordinateurs de l'ADA

Las Vegas est l'une des villes les plus accessibles pour les handicapés. Tous les grands casinos-hôtels ont un coordinateur ADA (Americans with Disabilities Act) qui veille à ce que les services soient adaptés. Demandez à votre agent de voyages de contacter celui de votre hôtel avant votre arrivée.

Navettes aéroport

Dans la zone de livraison des bagages, aux portes 1, 3 et 4 se trouvent des navettes avec élévateurs et des téléphones directs pour appeler un taxi qui en est équipé. Demandez aux loueurs de voitures si leurs navettes en ont un et prévenez-les si les sièges arrière de la camionnette doivent être retirés et s'il vous faut une rampe.

Conditions requises par l'ADA

Le Bellagio, le Mirage et l'Imperial Palace sont considérés comme les mieux aménagés pour les handicapés. Tous les hôtels sont tenus de disposer de chambres adaptées, mais on ne trouve pas toujours des équipements tels que douches à accès large, amplificateurs de son ou décodeurs télétexte.

Accès aux casinos

Les casinos possèdent souvent des machines à sous et des tables accessibles aux fauteuils roulants. Les salles de bingo proposent des cartes en braille ou en gros caractères. Si la demande est faite à l'avance, un interprète en langage des signes traduit les leçons du casino.

Piscines

La plupart des hôtels disposent d'un élévateur pour aider les clients à entrer dans la piscine. Certaines piscines avec plage de sable ont une entrée accessible aux handicapés.

Salles de spectacle

Toutes les salles de spectacle réservent des places aux handicapés. Prévenez le personnel à l'avance, car les fauteuils roulants sont souvent installés en premier.

Rampes et toilettes

Tous les édifices publics, attractions et casinos-hôtels sont équipés de rampes et de toilettes pour les handicapés. Dans la plupart des rues, les bords des trottoirs ont été remaniés pour les fauteuils roulants. Les autobus, le monorail et certains taxis, tramways et navettes sont accessibles. Il est aussi possible de louer une voiture monoplace pour remplacer le fauteuil roulant.

Médicaments et horaires

Si vous devez prendre des médicaments à heure fixe, portez une montre, car il n'y a pas d'horloge dans les casinos.

Passerelles pour piétons

Les passerelles aériennes pour piétons sont dotées d'ascenseurs ou bien d'escalators.

Renseignements

Le site Internet www.andy.fr rassemble des informations pour les personnes handicapées. Les coordinateurs de l'ADA répondent également à toutes vos questions. Consultez aussi leur site indiqué ci-dessous.

Adresse

*www.vegas.com/lounge/
handicapped*

Bellagio

Gauche **Librairie gay** Droite **Las Vegas de nuit**

10 Gays et lesbiennes

Tolérance

La ville semble libérale et tolérante, mais les opinions de certains citoyens sont parfois jugées comme très conservatrices, bien que la ville ait élu son premier député homosexuel à la Chambre des représentants du Nevada en 1996. De nombreuses entreprises acceptent dans leur dispositif d'assurance maladie un concubin du même sexe que l'assuré. La plupart du temps, les gens du coin sont accueillants et les gestes d'hostilité sont extrêmement rares.

Organismes gays

Plus de 75 organismes gays actifs à Las Vegas s'occupent de tous les centres d'intérêt, allant du chant au motocyclisme. Bien qu'il ne s'adresse pas exclusivement à la communauté LGBT, l'Erotic Heritage Museum offre un calendrier bien rempli d'ateliers éducatifs et de conférences dans un environnement confortable.

Quartier gay

Le principal quartier gay de Las Vegas, avec plusieurs bars et clubs gays, est délimité par Paradise Road, Harmon et Tropicana Avenues, à l'est du MGM Grand, appelé le Fruit Loop.

Clubs

Le Gipsy est toujours l'une des boîtes les plus populaires et le Kraze fait également bonne figure depuis un bon moment. Charlie's, Piranha Nightclub et Share Nightclub comptent également de plus en plus de loyaux adeptes. Pour une expérience plus sobre, essayez le Free Zone.

Bar transsexuel

Le Las Vegas Lounge est l'unique bar transsexuel de la ville.

Renseignements sur Internet

Plusieurs sites Internet sont consacrés aux lieux gays et lesbiens de la ville. Consultez www.vegas.com/traveltips/guide/gaylesbian.html pour les hébergements et les restaurants où les gays seront sûrs d'être bien accueillis, ou dont les propriétaires sont homos.

Lieu de rencontre

Le Gay & Lesbian Community Center of Southern Nevada (appelé «The Center», ci-dessous), qui organise souvent des événements, est le lieu de rencontre des divers groupes gays et lesbiens. Des tests HIV gratuits et anonymes sont effectués le lundi et le jeudi de 13h30 à 18h.

Lectures

La librairie gay Get Booked, petite mais bien approvisionnée, est ouverte 7 j/7.

Publications

Pour des nouvelles sur la communauté gaie locale, procurez-vous un exemplaire de *QVegas*. Il est disponible un peu partout en ville. Abonnez-vous à son infolettre ou consultez le site web.

Assistance téléphonique

Elle est assurée par l'organisme PFLAG (Parents and Friends of Lesbians and Gays).

Adresses

Charlie's
5012 Arville St.
• 702 876 1844.

Gay & Lesbian Community Center
953 E Sahara Ave.
• 702 733 9800.

Get Booked
4640 Paradise Rd.
• 702 737 7780
• ouv. dim.-jeu., 10h-24h ;
ven.-sam., 10h-2h

Gipsy
4605 Paradise Rd.
• 702 731 1919.

Krave
3663 Las Vegas Blvd. S •
702 836 0830.

PFLAG Help Line
702 438 7838.

Piranha Nightclub
4633 Paradise Rd.
• 702 791 0100

Share Nightclub
4636 Wynn Rd.
• 702 258 2681.

Sites Internet
www.qvegas.com www.travelneveda/com/gay

Gauche **Enseigne de la Bank of America** Centre **Distributeur de billets** Droite **Billet de 50$**

🔟 Banques

Horaires
En général, les banques sont ouvertes du lundi au vendredi de 9 h à 17 h ou 18 h et le samedi de 9 h à 13 h. Les succursales situées dans les supermarchés restent ouvertes plus longtemps, ainsi que le samedi toute la journée et parfois le dimanche après-midi.

Distributeurs automatiques de billets (ATM)
Pour profiter du meilleur taux de change, retirez des espèces aux DAB et payez vos achats avec votre carte bancaire. Des frais sont prélevés sur votre compte pour l'utilisation d'un distributeur d'une banque autre que la vôtre. Le mode d'emploi s'affiche en anglais et en espagnol, mais jamais en français.

Drive-Through Banking
Pour les transactions financières les plus simples, le plus pratique est d'aller au drive-in (ou *drive-thru*), où l'on est servi en restant au volant. Les guichets sont en général ouverts une demi-heure avant et

après les horaires des banques et sont le plus souvent équipés de distributeurs de billets.

Espèces
Les divers bureaux d'encaissement de chèques situés sur le Strip et à Downtown perçoivent des frais élevés. On peut obtenir des espèces avec une carte bancaire dans les machines des casinos-hôtels, mais le service coûte en général 5 % de la somme retirée, voire plus pour les petites sommes.

Encaisser un chèque à l'hôtel
Les hôtels encaissent souvent les chèques personnels de leurs clients s'ils sont libellés en dollars, mais ils refusent de le faire pour les chèques des non-résidents.

Change de devises
Contrairement aux banques européennes, rares sont les banques de Las Vegas qui effectuent le change, à l'exception de la Bank of America. De nombreux casinos-hôtels changent les devises, mais des frais viendront s'ajouter au taux de change pratiqué.

Chèques de voyage
Les chèques de voyage peuvent être encaissés dans les banques et les

casinos-hôtels. Ceux qui sont libellés en dollars vous dispensent de frais sur place. Si les vôtres sont dans une autre monnaie, changez de préférence des sommes importantes pour réduire les frais d'encaissement.

Cartes de crédit
Toutes les grandes cartes de crédit sont acceptées dans la plupart des entreprises de Las Vegas.

Billets de banque
Les billets de banque américains sont difficiles à différencier si on n'y est pas habitué. Soyez très vigilant quand vous payez, par exemple, le chauffeur de taxi. Le billet d'1 $ a la même taille et la même couleur que celui de 20 $. Les coupures vont de 1 $ à 100 $.

Petite monnaie
Le dollar américain *(buck)* se divise en 100 cents (ou *pennies*). Il existe des pièces d'1 cent, 5 cents *(nickel)*, 10 cents *(dime)*, 25 cents *(quarter)* et, plus rares, 50 cents *(half-dollar)*.

Adresse

Bank of America
4795 S Maryland Pkwy
• 702 654 4120
• ouv. lun.-jeu. 9h-17h, ven. 9h-18h, sam. 9h-13h
• www.bankofamerica. com

Gauche **Accès public à Internet** Centre **Timbre-poste** Droite **Enseigne de la poste**

⁰¹0 Communications

1 Guides pour les visiteurs

Le programme des sorties est publié dans *What's On, Where* et *Monorail Magazine*. On y trouve aussi des bons de réduction pour des repas et des spectacles.

2 Presse locale

Le principal quotidien de la ville est le *Las Vegas Review-Journal*, qui paraît le matin. D'autres hebdomadaires gratuits sont très lus, comme le *Las Vegas Weekly* et *Vegas Seven*.

3 Accès Internet

L'accès à Internet est compris dans le prix de la plupart des hôtels. Si vous avez besoin d'un accès Internet, vous pouvez aller dans les boutiques comme FEDEX, qui applique un tarif pour l'utilisation d'un ordinateur et offre l'Internet sans fil gratuitement. Les bibliothèques publiques offrent aussi ce service gratuitement, à l'instar de certains commerces, comme les cafés Starbucks et Coffee Bean & Tea Leaf, ainsi que quelques franchises de McDonald's.

Téléphone public

4 Téléphoner

Pour appeler Las Vegas ou les environs, inutile de composer l'indicatif régional 702. Ces appels locaux coûtent 50 cents les 3 min. Pour les appels nationaux, composez le 1, suivi de l'indicatif régional et du numéro à 7 chiffres. Les appels locaux sont généralement gratuits dans les hôtels. Pour les appels nationaux ou internationaux, mieux vaut utiliser une carte bancaire. Comme partout dans le monde, les appels passés depuis la chambre d'hôtel sont beaucoup plus onéreux que depuis un téléphone public.

5 Téléphone public

Des téléphones à pièces ou à carte se trouvent à l'entrée des supermarchés et des stations-service, mais aussi dans les restaurants, hôtels et casinos, en général près des toilettes.

6 Téléphonie mobile

Il est difficile d'obtenir de la couverture sur le Strip et dans les casinos. Vous aurez plus de succès dans les endroits ouverts pour envoyer un message ou téléphoner.

7 Centres d'affaires des hôtels

La plupart des grands hôtels proposent à leurs clients un centre d'affaires (payant) doté d'ordinateurs haut de gamme. Certains établissements offrent également des services de secrétariat et des chambres équipées de prises pour ordinateur, fax et Internet. Tous les visiteurs de Las Vegas ne sont pas en vacances !

8 Télégramme

Pour envoyer un télégramme international, demandez à votre hôtel l'adresse du bureau de la Western Union le plus proche. Cet organisme effectue aussi des virements télégraphiques.

9 Bureaux de poste

Vous pouvez recevoir du courrier directement à votre hôtel ou en poste restante (General Delivery) depuis n'importe quel bureau en ville. Pour la plupart des visiteurs, le bureau de poste le mieux situé est celui du centre-ville, bien que plusieurs pharmacies et banques vendent des timbres.

10 Média

Il existe une quarantaine de chaînes de radio et de télévision locales. La majorité des hôtels capte les chaînes étrangères par câble ou par satellite.

Adresses

Cyber Stop
3743 Las Vegas Blvd. S
• 702 736 4782.

Bureau Fedex
4750 W Sahara Ave.
• 702 870 7011.

Bureaux de poste
201 Las Vegas Blvd. S
• 702 382 5779

1801 Decatur Blvd. S
• 702 220 8454

Gauche **Agent de sécurité** Droite **Voiture de police**

🔟 À éviter

1 Embouteillages
La circulation est ralentie dans toutes les rues qui croisent Las Vegas Boulevard South, mais vous pouvez utiliser les rues parallèles au Strip, comme Industrial Rd à l'ouest et Koval Ln à l'est. Prévoyez plus de temps pendant les heures de pointe.

2 Zones de criminalité
Le Strip et les 5 pâtés de maisons de la zone piétonne de Fremont Street Experience sont sûrs à toute heure. Ce n'est pas le cas de certains secteurs de North Las Vegas et de S Maryland Parkway, autour du Sunrise Hospital. Le quartier au nord de la bibliothèque de Las Vegas, sur Las Vegas Boulevard North, est sans doute le moins sûr de la ville. Évitez d'y circuler à pied.

3 Escroquerie
Des bandes d'escrocs, hommes et femmes, opèrent souvent au Nevada, pratiquant toutes sortes d'arnaques. Ils s'attaquent le plus souvent, mais pas exclusivement, aux personnes âgées. Méfiez-vous de toute proposition trop alléchante et n'acceptez jamais de toucher les gains fabuleux de quelqu'un d'autre en échange d'une rémunération.

4 Clubs pour messieurs
La prostitution est légale dans l'État du Nevada, sauf dans 5 comtés, dont Clark County où est situé Las Vegas. Les prostituées et leurs clients y risquent donc des amendes et des peines de prison. N'oubliez pas que les clubs de danseuses du centre-ville et du Strip sont des entreprises légitimes et pas des maisons de prostitution.

5 Manque de discrétion
N'attirez pas l'attention des voleurs et des pickpockets en portant des bijoux voyants. Laissez vos objets de valeur dans le coffre de votre chambre ou, à défaut, dans celui de la réception. Ne vous séparez pas de vos affaires personnelles : les néons, la musique et l'ambiance festive rendent parfois distrait. Si vous gagnez une grosse somme, faites-vous payer par chèque plutôt qu'en espèces. Vous pouvez éventuellement demander aux casinos de vous faire escorter par un agent de sécurité.

6 Enfants seuls
Ne laissez pas les jeunes de moins de 16 ans sortir seuls. Les enfants de moins de 12 ans ne sont pas admis seuls dans les centres commerciaux et les galeries de jeux, même au sein d'un groupe.

7 En voiture
Le soir, évitez les garages et les parcs de stationnement mal éclairés, surtout s'ils semblent déserts. Verrouillez votre voiture même quand vous conduisez. Placez tous vos bagages dans le coffre. Si vous confiez votre véhicule à un voiturier, retirez les objets de valeur que vous y laissez et ne lui confiez que les clés de la voiture et du coffre.

8 Aliments douteux
La soupe froide et la salade tiède sont des sources potentielles d'intoxication alimentaire. Sur les buffets, vérifiez que les plats chauds sont bien chauds et inversement. Les meilleurs choix sont ceux fraîchement préparés sur demande, comme les omelettes et les pâtes.

9 Mendicité
Vous serez sûrement beaucoup sollicité par des mendiants et vous pouvez aussi faire un don à une œuvre de bienfaisance qui héberge et nourrit les sans-abri.

10 Officiers de police
Malgré l'ambiance décontractée de Las Vegas, la police applique strictement la législation. Comportez-vous à Las Vegas comme vous le feriez dans votre ville, et tout devrait bien aller.

Précautions dans le désert **p. 133**

Mode d'emploi

Gauche **Panneau dans le désert** Centre **Thermomètre** Droite **Enseigne de pharmacie**

⏱10 Santé

Acclimatation
Prenez le temps de vous acclimater à l'arrivée avant de vous adonner à des activités fatigantes, surtout si vous êtes habitué à un climat ou à une altitude très différents.
La sécheresse de l'air peut affecter les personnes sujettes aux saignements de nez.

Hydratation
En raison du faible taux d'humidité au Nevada, il faut boire beaucoup d'eau, surtout en été. Les urgences médicales sont souvent sollicitées pour des problèmes de déshydratation et de coups de chaleur.

Protection solaire
Enduisez-vous de crème solaire dès que vous sortez, et pas seulement au bord de la piscine. Le soleil du Nevada brûle, même à travers les nuages.

Pollution
La pollution de l'air causée par le sable du désert, les émanations des véhicules et les poussières microscopiques émises par les chantiers peuvent affecter ceux qui ont des problèmes respiratoires. Gardez vos médicaments à portée de la main.

Allergies et arthrite
Les allergiques à la poussière et à l'armoise seront peut-être gênés, mais les arthritiques apprécient souvent le faible taux d'humidité qui règne ici.

Abus d'alcool
Dans les casinos, l'atmosphère festive et les boissons alcoolisées gratuites incitent aux abus. Ne conduisez pas si vous avez bu. Le taux d'alcoolémie toléré par la loi du Nevada est de 0,08 %, et l'arrestation en état d'ivresse peut entraîner la comparution devant le tribunal et une lourde amende pour le conducteur. S'il cause un accident mortel, il est passible de prison.

Assurance
L'assurance voyage n'est pas obligatoire pour les visiteurs aux États-Unis, mais elle est fortement conseillée, car les soins médicaux et dentaires d'urgence peuvent être extrêmement onéreux. Les personnes redevables de frais médicaux doivent régler la note avant de quitter la clinique, l'hôpital ou le cabinet du médecin.

Prise de médicaments
Il n'y a aucune horloge dans les casinos : dans l'euphorie du jeu et l'oubli du temps, il est possible que vous omettiez de prendre vos médicaments à heure fixe ou que vous oubliiez

que certains ne doivent pas être associés à l'alcool. La pharmacie, ou le rayon pharmacie du supermarché, souvent ouvert 24 h/24, vous donnera vos médicaments sur ordonnance.

En cas de maladie
Las Vegas étant la ville la plus touristique d'Amérique, les professionnels de la médecine sont sensibilisés à la demande de visites à domicile (rares aux États-Unis). Si votre état de santé nécessite des soins, Inn-House Doctor Inc. offre des consultations gratuites par téléphone et envoie un médecin si nécessaire. La clinique sans rendez-vous Harmon Medical Center exige que les patients aient une assurance médicale et leurs papiers d'identité. Elle est ouverte du lundi au vendredi, de 8 h à 20 h. Il y a plusieurs salles d'urgence à Las Vegas.

Urgences médicales
En cas d'extrême urgence, faites le 911 depuis n'importe quel téléphone (n'oubliez pas d'obtenir d'abord la ligne extérieure si vous êtes dans un hôtel) ou composez le 0 et demandez à l'opérateur de le faire pour vous et d'envoyer immédiatement quelqu'un dans la chambre afin qu'il puisse vous prendre en charge.

Mode d'emploi

Ci-dessus **Marche dans le désert à l'aube, avant la montée de la température**

⑩ Précautions dans le désert

Eau potable
Pour marcher dans le désert, prévoyez 4 l d'eau potable par jour et par personne pour parer aux principaux dangers, comme le coup de chaleur ou l'hypothermie (chute excessive de la température du corps). N'oubliez pas l'eau pour votre véhicule, même s'il est neuf : le radiateur peut chauffer quand la température extérieure approche les 50 °C.

Contrôle du véhicule
Assurez-vous que votre voiture est en bon état de marche et que le réservoir est plein. Restez sur les routes goudronnées ; évitez de rouler sur le bas-côté, vous risqueriez de vous ensabler.

Crues subites
N'essayez pas de traverser les zones inondées. Si l'eau commence à monter sur la route, mieux vaut abandonner la voiture et gagner les hauteurs.

POTENTIAL
FLASH FLOOD
AREAS

NEXT
21 MILES

Panneau de crues subites

Ne pas partir seul
Ne vous aventurez jamais seul dans le désert et ne partez pas sans une carte et une bonne boussole, même si vous avez un GPS.

Prévenez un responsable
Quand vous partez en randonnée dans le désert, indiquez à un gardien du parc national ou à tout autre responsable votre destination et l'heure de votre retour. Si vous vous perdez, les sauveteurs seront plus efficaces s'ils ont ces éléments.

Vêtements
Les vêtements superposés freinent la déshydratation ou l'hypothermie. En été, la température tourne autour des 38 °C. En hiver, elle descend parfois au-dessous de zéro. La température peut varier considérablement en 24 h.

Préparation
Ayez toujours sur vous une trousse à pharmacie. Il est conseillé aux randonneurs de plus de 12 ans d'avoir des notions de secourisme et de réanimation.

Animaux dangereux
Méfiez-vous des serpents à sonnette et des scorpions. Avant de partir, apprenez à soigner leur morsure (et consultez un médecin dès que possible). Les animaux et insectes du désert, comme le monstre de Gila, le puma, le sanglier, l'ours, l'abeille tueuse et le mille-pattes sont également dangereux. Certains animaux peuvent sembler inoffensifs, mais ils attaquent s'ils se sentent menacés ou s'ils considèrent que leurs petits sont en danger.

Se couvrir la tête
Portez un chapeau pour éviter le coup de chaleur quand vous êtes dans le désert vers midi, en plein soleil, comme par temps couvert. Même pour quelques minutes, protégez votre peau avec une crème solaire et un baume pour les lèvres.

Mines désaffectées
Ne vous approchez pas des mines abandonnées. Elles sont très dangereuses : un effondrement, une forte déclivité ou un gaz mortel peuvent toujours survenir.

Adresses

Urgences
911.

Inn-House Doctor Inc.
702 259 1616.

Harmon Medical Center
150 E Harmon Ave.
• plan Q3
• *702 796 1116.*

24 Hour Vegas Hotel Doctor
702 677 2644.

Gauche **Tipi** Centre **Terrain de camping-cars, Laughlin** Droite **Tente dans un parc national**

TOP 10 Camping et house-boats

1 Trouver un terrain de camping

En ville, le camping est en général interdit dans les parcs. Il est autorisé dans les parcs nationaux et ceux de l'État sur les espaces réservés, et les randonneurs ont parfois le droit de bivouaquer au bord du sentier. Dans les campings des parcs nationaux et des zones récréatives, les emplacements sont souvent attribués dans l'ordre d'arrivée : présentez-vous de bonne heure pour en obtenir un. D'autres campings prennent les réservations, il faut les contacter à l'avance. Respectez bien toutes les règles relatives aux feux, aux animaux domestiques, qui doivent être tenus en laisse, et à l'enlèvement des ordures.

2 Emplacements de tentes

Red Rock Canyon n'offre que quelques emplacements de tentes, où l'on peut séjourner jusqu'à 14 jours. Il y a des emplacements à Mt. Charleston et aux campings autour du Lake Mead.

3 Réservations

Dans les campings privés, réservez le plus tôt possible. Le camping étant de plus en plus pratiqué, il devient difficile d'obtenir une place sans réserver, surtout l'été pendant les vacances scolaires et au début de l'automne.

4 Terrains de camping des casinos

Pour séjourner au camping d'un casino, il faut réserver très tôt. Las Vegas KOA est attenant au Circus Circus sur le Strip, et Sam's Town RV Park est voisin du Sam's Town Hotel & Gambling Hall.

5 Terrains pour camping-cars

Laughlin est la ville la plus ouverte aux camping-cars dans le sud du Nevada. Ils peuvent stationner la nuit sur les parkings des casinos ou dans l'un des parcs qui leur sont destinés de l'autre côté du Colorado, à Bullhead City en Arizona.

6 Location de camping-cars

Pour louer un camping-car pendant votre séjour à Las Vegas, vous avez le choix entre une bonne demi-douzaine d'agences. Leur liste figure dans les pages jaunes de l'annuaire de Las Vegas et sur Internet.

7 Précautions

Ne campez jamais dans un cours d'eau à sec ou à proximité, car la pluie peut générer des crues subites. Ne campez pas au sommet d'une grande colline : cette zone est très exposée à la foudre et aux vents violents.

8 Pluies torrentielles

Si de fortes pluies éclatent pendant que vous campez dans le désert, gagnez immédiatement les hauteurs – au moins 10 m au-dessus du fond du canyon ou du lit du cours d'eau à sec.

9 House-boats

Pour louer un house-boat, contactez à l'avance Seven Crown Resorts ou Forever Resorts. La marina Forever Resorts, à Callville Bay, à environ 45 min de route du Strip de Las Vegas, est la plus proche des deux.

10 Choix de la saison

Malgré la chaleur parfois étouffante, l'été est la haute saison du camping et du house-boat dans le Nevada : prenez vos dispositions un an à l'avance si possible. Les prix sont plus bas l'hiver, mais le temps n'est pas toujours clément. Pour louer un house-boat, le printemps ou l'automne sont des saisons très agréables.

Adresses

Las Vegas KOA
500 Circus Circus Drive
• *702 733 9707.*

Sam's Town RV Park
5111 Boulder Highway
• *702 456 7777.*

Seven Crown Resorts
*800 752 9669 • www.
sevencrown.com*

Forever Resorts
800 255 5561.

Gauche **À dos de mulet** Centre **Intérieur d'un hôtel de luxe** Droite **Nouvel An sur le Strip**

🔟 Réserver un hôtel

Choix d'un hôtel
Effectuez votre choix en fonction de votre propre façon de voyager. Si vous aimez l'animation et si le bruit ne vous dérange pas, il est pratique de séjourner sur le Strip ou à Downtown. En revanche, si le jeu n'est pas l'objectif de votre visite, nous vous conseillons d'envisager un hébergement sans casino.

Agences de voyages
Pour réserver une chambre à Las Vegas, le plus simple est de passer par une agence de voyages. Néanmoins, celle-ci n'a pas accès aux formules à prix réduits disponibles, par exemple, sur Internet.

Réservation sur Internet
Les grands casinos-hôtels de Las Vegas ont presque tous un site Internet sur lequel ils proposent des réservations en ligne et des promotions. Ces sites sont indiqués dans les rubriques qui leur sont consacrées.

Forfaits
Comparez les nombreux forfaits avion-hôtel. Les moins chers, destinés aux joueurs, comprennent l'avion et 2 à 4 nuits d'hôtel en chambre double. Un choix d'hôtels est souvent proposé (mais pas toujours) dans différentes catégories de prix.

Souhaits personnels
Si vous avez des exigences particulières concernant votre chambre, téléphonez directement à l'hôtel et demandez un chargé de réservation. En indiquant vos souhaits à quelqu'un qui connaît parfaitement l'hôtel, vous augmentez vos chances d'avoir la chambre que vous avez demandée.

Bonnes affaires
Pour profiter des tarifs hôteliers les plus bas, programmez votre séjour juste avant ou juste après les fêtes du Nouvel An, ou entre le National Finals Rodeo et Noël. Les sites Internet des hôtels sont les meilleurs endroits pour faire des affaires.

Périodes à éviter
Les tarifs hôteliers sont en général plus élevés le week-end et ils peuvent quadrupler en période de grand congrès (p. 117).

Parcs nationaux
Aux États-Unis, les parcs nationaux, surtout ceux du Sud-Ouest, connaissent une grande popularité ces dernières années. Il faut donc faire les réservations au moins un an à l'avance pour l'hébergement dans les parcs, mais aussi pour les activités comme les descentes en rafting, les promenades à dos de mulet au Grand Canyon, etc. Sinon, vous devrez séjourner un peu plus loin.

En périphérie
À Laughlin, Boulder City, Mesquite et dans la banlieue de Las Vegas, l'hébergement est plus facile à trouver et moins cher qu'à Las Vegas ou à Henderson. N'oubliez pas que vous aurez besoin d'une voiture pour y avoir accès facilement.

Ventes de dernière minute
Si vos dates sont souples, vous pouvez profiter des forfaits dernière minute qu'offrent la plupart des agences de voyages, souvent de bonnes affaires.

House-boats à Seven Crown Resorts

Index

Index

Remerciements

Auteur
Connie Emerson habite le Nevada depuis plus de 30 ans. Elle est l'auteur d'articles de voyage pour des publications nationales et internationales.

Réalisé par Blue Island Publishing, Highbury, Londres.

Direction éditoriale
Rosalyn Thiro.

Direction artistique
Stephen Bere.

Édition
Michael Ellis, Charlotte Rundall.

Maquette
Tony Foo, Ian Midson.

Iconographie
Ellen Root.

Documentation
Amaia Allende, Emma Wilson.

Reportage photographique
Demetrio Carrasco.

Photographies d'appoint
Nigel Hicks, Alan Keohane, Tim Ridley, Greg Ward.

Cartographie
Chris Orr & Associates.

Correction
Stephanie Driver.

Index
Hilary Bird.

CHEZ DORLING KINDERSLEY :

Direction de la publication
Gillian Allan.

Éditeur senior
Louise Bostock Lang.

Éditeur
Kate Poole.

Direction artistique
Marisa Renzullo.

Cartographie
Casper Morris.

Informatique éditoriale
Jason Little.

Fabrication
Sarah Dodd, Marie Ingledew.

Cartographie
John Plumer.

Collaboration éditoriale
Emma Anacootee, Claire Baranowski, Bob Barnes, Marta Bescos, Louise Cleghorn, Karen Constanti, Connie Emerson, Mariana Evmolpidou, Anna Freiberger, Jo Gardner, Camilla Gersh, Eric Grossman, JoAnna Haugen, Rebecca Ingram Frish, Claire Jones, Maite Lantaron, Sam Merrel, Marianne Petrou, Collette Sadler, AnneLise Sorensen, Karen Villabona, Ros Walford.

Crédits photographiques
L'éditeur exprime sa reconnaissance aux particuliers, sociétés et photothèques pour leur assistance et leur autorisation de photographier.
h = en haut ; hc = en haut au centre ; hg = en haut à gauche ; hd = en haut à droite ; hcg = en haut au centre à gauche ; c = au centre ; cb = au centre en bas ; b = en bas ; bg = en bas à gauche ; bd = en bas à droite ; g = à gauche ; d = détail.

Remerciements

ALAMY IMAGES: Lynn Sutherland, 82tr,, THE BARRICK MUSEUM AT UNLV: 44b; Courtesy of THE BELLAGIO: Russell MacMasters Photography 2tl,, 14b, 15c, 31br, 46b, 50c, 77c, 120tl;, BINION'S: 13bc; THE BLUE MAN GROUP: Ken Howard 38tr; BOULDER DAM BREWING CO: 96tc, m; BUREAU OF RECLAMATION: Andrew Pernick 6cl, 10–11c, 92t. CAESARS ENTERTAINMENT: 71br; Courtesy of CAESARS PALACE: 64tr; 74tl, 76tr; PURE nightclub Acknowledgments 144 Acknowledgments 42tr; CHINOIS: 47ca; CIRQUE DU SOLEIL INC: Jeremy Daniel & Richard Turmine 29tl; photos by Tomas Muscionico, Costumes Marie-Chantale Vaillancourt 38tc, 119tr, Photo Veronique Vial, Costumes Dominique Lemieux 38c, 119c; © Al Seib 38b; CORBIS: Bettmann, 30c, 31t, 120tr; Richard Cummins, 50tr; Terra/Rudy Sulgan 8–9c. Courtesy THE DESERT INN: 135tc. EMERGENCY ARTS: 13tr; Courtesy of EXCALIBUR: 135tr. FASHION SHOW: 52tr; courtesy of THE FORUM SHOPS: 26t, 26b; THE FUNK HOUSE LAS VEGAS: 83tr. Courtesy of GET BOOKED: 128tl; GOLDEN NUGGET Las Vegas: 97tc. HARD ROCK CAFE Las Vegas: 90tc; HARD ROCK HOTEL: Erik Kabik 42bl; Courtesy of HARRAH'S: 36tr; HULTON ARCHIVE: Archive Pictures 30tc. Courtesy of JUBILEE: 3tcl, 39t, 119tl; JW MARRIOTT LAS VEGAS RESORT & SPA: 36tl, 88tl. LAS VEGAS CONVENTION & VISITORS AUTHORITY: 56tl, 66cla; LAS VEGAS MAGAZINE: 115cb; LAS VEGAS MINI GRAN PRIX: 75tc; LAS VEGAS NEWS BUREAU: 6tl, 6bl, 7br, 7crb, 8, 8bc, 12cla, 12–13bl, 24–25c, 28cla, 28crb, 28–29c, 29cra, 80t, 82tl, 114tl, 115tl; LAS VEGAS SUN: Lori Cain 58tr; Steve Marcus 58b; Aaron Mayes 85, 87tr; Sam Morris 59t, 86b; Ethan Miller 84tr, 87cb; Marsh Starks 58tl, 59b; LEONARDO MEDIA LTD.: 28bc, 96bc. Courtesy of MAND- ALAY BAY: 112tr; MANDARIN ORI- ENTAL: 29bl; MAX BRENNER: 27bc; courtesy of the MGM GRAND: 46tc, 126b, 128tr; MGM RESORTS INTERNA- TIONAL: 46cla; MGM MIRAGE: 36cb, 42tc, 47tr, 52br, 64bl, 65tr, 77tr, 117tr, 118tc, 118tl, 118tr; courtesy of THE MIRAGE 46tc, 64tl, 66b, 73b, 117tr. N9NEGROUP: 42c; NHPA: David Middleton 104c. PHOTOFM.COM: Fred Morledge 57cl; PLAZA HOTEL & CASINO: 46tl. THE RAINBOW COMPANY YOUTH THEATER: Tom Dyer 66tr; RIO SUITE HOTEL: 87bl. THE SMITH CENTER: 40tr; STATION CASINOS: 67tc, 75tl; STONE: Kerrick James 110–11; courtesy of STRATOSPHERE TOWER: 56b. TAO: Al Powers 42tl; Courtesy of TI 76tl; TOWN SQUARE LAS VEGAS: 53c; TRYST: 43tl. Courtesy of THE VENETIAN: 20t, 32tl, 71t. Courtesy of WYNN LAS VEGAS: 51br, Scott Forest 23tr, Robert Miller 7cb, 22cla, 22–23, 23cr, Tomasz Rossa 22bc, 38tl, 119tr.

Couverture :

PREMIÈRE DE COUVERTURE : DK IMAGES: Rough Guides/ Demetrio Carrasco. QUATRIÈME DE COUVERTURE : BINION'S: bc.

Toutes les autres illustrations © Dorling Kindersley. Pour plus d'informations : **www.dkimages.com**